일찬번 그 기도하라

일러두기
이 책의 성경구절은 개역개정 성경을 인용하였으며
본문 내용에 따라 개역한글 성경은 별도 표기(*) 하였습니다.

일만 번 구 기도하라

김항안 지음

GLORIA

머리말
왜? 주기도문 일만 번을 권하는가?

주기도문은 예수님께서 가르쳐 주신 기도이다. 예수님께서 "주기도문"을 가르치시면서 너희는 "이렇게 기도하라"고 말씀하셨다. 이는 주님이 가르치신 기도가 계속 반복되어야 할 만큼 중요하다는 의미이다. 게다가 주기도는 남녀노소 누구를 막론하고 쉽게 외울 수 있다. 단순하고 간단하다. 그리고 쉽다. 그 내용의 심오함을 능히 헤아릴 수 없을 만큼 깊고 완벽하다. 아무리 인간이 기도를 잘 만든다고 해도 주님께서 가르쳐 주신 기도보다 더 좋을 수 없다.

많은 성도들은 기도를 부담스러워 한다. 무릎 꿇고 앉아서 오랜 시간을 보내야 한다는 생각 때문이다. 그것도 당장 아무런 응답이 없는 상대를 향해서 계속 말해야 하는 것을 부담스러워 한다. 기도의 응답은 "예스. 노. 기다려라."의 셋 중 하나이다. 이런 사고가 기도를 힘들게 만든다. 지루하다고 생각한다. 심지어는 기도하는 것을 중노동처럼 생각하는 분들이 많다.

기도는 부담스럽게 하는 게 아니다. 기도는 인간이 하나님을 만나는 순간이다. 만난 순간이 부담되고 고생스럽다면 그 만남은 좋은 만남이 될 수 없다. 부담되는 만남은 가까운 사이가 아니라는 뜻이다. 하나님을 만나는 것은 절대로 부담스럽지 않아야 한다. 기도가 무엇인지 알면 기쁘고 재미있다. 그것이 어떤 모양이건 힘이 너무 들고 억지로 하는 것이라면 바른 기도가 아니다.

말씀대로 기도하면 기도는 즐겁다. 기도는 시간과 장소에 구애받을 필요가 없다. 언제 어디서나 가능한 것이 기도이다. 기도하는 사람은 반드시 이루어진다는 믿음이 필요하다. "내 이름으로 무엇이든지 내게 구하면 내가 행하리라"(요 14:14). 아무런 조건도, 따짐도 필요 없다. 무엇을 구하든지 주께서는 시행하신다고 했다. 얼마나 자신 있고 긍정적인 말씀인가! 우리가 이 말씀을 믿기만 한다면 그래서 계속 이 말씀대로 마음을 유지한다면 무엇이든지 얻을 수 있다. 약속의 말씀을 붙들고 기도한다면 마음 역시 믿음으로 채워진다. 그렇다면 이미 응답은 따 놓은 당상이다. 주의 약속이 바로 응답이다. 그리고 그 응답은 눈에 보이도록 반드시 나타난다.

기도는 자기의 무능을 성토하는 "성토대회"를 벌리는 것이 아니다. 기도는 한풀이도 아니다. 기도는 하나님의 자비와 도우심으로 옷 입는 과정이다. 예수 이름을 부르는 사람에게 하나님은 예수의 능력이 기도하는 사람의 능력이 되게 해 주신다. 그래서 기도는 특권이다. 기도에 부담을 갖지 말아야 한다. 금식하고 철야를 하면서 기도해도 이런 믿음이 없는 기도는 자기의 공로만 내세우는 가짜 기도가 된다. 같은 내용을 오래 한다고 좋은 게 아니다. 주께 말씀드린 것을 믿으라. 쉬지 않고 그리스도와 대화하며 그의 생각으로 채우라. 그러면 마음이 복음적인 사고로 변하게 된다.

주기도는 성경 가운데 두 군데 기록되어 있다(마 6:9-13; 눅 11:2-4). 그 가운데 누가복음의 것은 짧고 마태복음의 것은 조금 길다. 그렇지만 본질적인 내용에 있어서는 차이가 없다. 주기도는 기본적으로 경배와 간구와 송영으로 되어 있다. 시작 부분인 경배는 기도의 대상이신 하나님에 대한 찬미의 내용을 담고 있다. 종결 부분인 송영에는 또다시 하나님께서 기도를 들어 주신 데 대한 감사의 내용이다. 주기도의 대부분을 차지하는 간구는 모두 일곱 가지로 되어 있다. 처음 세 가지는 하나님과 관계되는 것이고, 이어지는 네 가지는 인간의 일상적인 관심사와 관계된 것이다.

성경에는 기도에 대한 많은 언급들이 나온다. 성경에 등장하는 수많은 위인들은 기도의 사람들이었다. 아브라함(창 20:17), 야곱(창 32:26-31), 모세(민 11:2), 여호수아(수 10:12), 한나(삼상 1:12), 사무엘(삼상 12:18), 다윗(시 51:1), 엘리야(왕상 17:1), 엘리사(왕하 6:17), 다니엘(단 6:10) 등 기도의 사람들이 우리에게 기도에 대한 방법과 확신을 준다.

필자는 한국교회와 성도들 앞에 '주기도문 일만 번 드리기 운동'을 전개하면서 교회와 성도들이 예수님께서 성도에게 주신 가장 고귀한 선물 가운데 하나인 주기도를 바르게 사용하고, 주기도를 통한 축복을 받기를 원한다. 주님이 가르치신 기도의 심오한 내용에는 관심이 적고 형식적으로 암송하는 것은 바람직한 일이 아니다. 주기도를 하면서 그 내용의 신앙적인 고백보다는 어떤 주술을 외우는 것처럼 생각하는 것도 배제되어야 한다.

    6월 5일을 '목회자의 날'로 선포한 10주년을 맞이하면서 한국교회와 성도들 앞에 소개한 '주기도문 일만 번 드리기 운동'을 통해서 이미 엄청난 기적이 일어나고 있다. 주기도문으로 기도하여 응답 받은 사람이 우리 주변에는 수없이 많다. 주기도문 일만 번 드리기 운동에 동참하는 분들에게 하늘의 새로운 역사를 체험하는 기회가 되기를 기도한다.

한국교회정보센타
김항안 목사

차례

머리말 / 왜? 주기도문 일만 번을 권하는가?　　4
프롤로그 / 주님께서 가르쳐 주신 기도　　10

1장. 주기도문으로 응답받은 사람들　　15
주기도문과 불면증 치유 | 주기도문과 찬송가 305장 | 주기도문과 5만 볼트의 기도 위력

2장. 그리스도인이 알아야 할 핵심　　31
기도란 무엇인가?　　33
기도란 무엇인가? | 기도는 영적훈련이다 | 기도는 특권이다

기도로 받는 축복　　41

담대히 외쳐라!　　47
기도의 응답을 받으려면 | 기도의 응답은 어떻게 오는가?

3장. 너희는 이렇게 기도하라!　　65
기도의 대상 / 하늘에 계신 우리 아버지께 기도하라!　　67
하늘에 계신 하나님 | 우리의 아버지 | 아버지이신 하나님

기도의 본질 l / 하나님의 거룩한 이름을 찬양하라!　　83
하나님의 거룩한 이름 | '이름이 거룩히 여김'이 뜻하는 것
하나님의 이름을 거룩히 여기는 방법

기도의 본질 II / 하나님의 나라를 위해 기도하라!   101
하나님 나라를 위한 기도 | 하나님 나라의 두 가지 차원 | 하나님 나라의 도래

기도의 본질 III / 하나님의 뜻에 순종하라!   111
하나님의 뜻을 위한 기도 | 땅에서 이루어질 하나님의 뜻
예수님이 이루신 하나님의 뜻 | 하나님의 뜻이 이루어지기 원하는 기도

기도의 내용 / 생활의 안녕을 위해 기도하라!   127
공급자 하나님 | 우리에게, 공동체를 향한 축복
일용한 양식 | 노동과 나눔 그리고 믿음

기도의 자세 I / 죄 지은 자를 용서하라!   149
죄 사함의 기도 | 용서의 범위

기도의 자세 II / 겸허히 신앙을 고백하라!   161
겸손의 기도 | 죄가 무엇인가? | 용서를 비는 기도

기도의 간구 I / 도우심을 구하라!   173
시험이란? | 시험의 결과 | 시험을 당하는 이유 | 시험에 들지 않게 하는 기도

기도의 간구 II / 악에서의 승리를 위해 기도하라!   187
악이란 무엇인가? | 악에 빠지지 않게 | '다만 악에서 구하옵소서'라는 기원의 의미
죄의 보편성과 승리하는 방법 | 악에 빠지게 되는 원인 | 악을 이기는 생활

기도의 확신 / 영원에 대하여 확신하라!   207
송영의 의미와 교훈 | 나라와 권세와 영광 | 아버지께 영원히 | 영원한 나라 | 아멘

4장. 주기도문 번역본   231

개역한글 주기도문 | 개역성경 주기도문 | 개역 개정판 주기도문 | 공동번역 주기도문
표준 새번역 주기도문 | 현대어 성경 주기도문 | 현대인의 성경 주기도문
새롭게 번역한 주기도문 | 여성번역팀이 번역한 주기도문

프롤로그
주님께서 가르쳐 주신 기도

예수님께서는 제자들에게 바른 기도의 모델을 제시하시고 가르치셨다. 바로 '주기도문'이다. 당시에는 남에게 보이도록 꾸며내는 기도, 자기를 자랑하는 기도 등 위선적인 기도 생활을 하는 사람, 소위 외식하는 사람들이 있었다. 예수님은 이런 사람들의 위선적 기도를 경계하셨다. 따라서 예수님이 가르치신 기도는 진실한 기도의 모델이다. 이 기도에는 우리가 마땅히 구해야 할 것과 구하는 태도와 구하는 자세를 분명하게 제시하고 있다.

'주기도'는 예수님께서 제자들을 향하여 가르쳐 주셨다고 하여 '제자들의 기도'라고 불릴 수 있다. 이 기도문은 하나님의 속성과 하나님이 기뻐하시는 것, 인간의 연약성과 사람에게 필요한 것 그리고 사람이 하나님과 사람에게 마땅히 해야 할 것 등을 모두 함축하고 있다. '주기도'의 문장과 문체의 특징은 간결성과 명확성 그리고 단순성이다.

바른 기도, 참된 기도의 기준은 기도의 길이에 있지 않다. 바른 기도, 참된 기도의 기준은 기도의 진실성에 있다. 많이 말하는 기도가 훌륭한 기도는 아니다. 비록 적게 기도해도 거기에 진실한 마음이 담겨 있고, 하나님이 원하시는 것을 구한다면, 그것이 바로 훌륭한 기도요, 참된 기도이다.

기도는 어린아이가 부모에게 자신의 요구 사항을 말하듯이 솔직하고도 직접적으로 자신의 간구를 하나님께 아뢰는 것이다. 그러므로 기도는 기도의 대상을 정확하고도 명확히 알아야 한다. 우리가 기도하는 대상에 대해 명확히 인식할 때 솔직하고 직접적인 기도를 드릴 수 있기 때문이다.

예수님께서 가르쳐 주신 '주기도'는 교양이 있고 학식이 높은 사람들만 드릴 수 있는 기도가 아니다. 이 기도는 모든 사람이 이해할 수 있는 단순한 내용이다.
따라서 기도는 단순해야 한다. 그렇다고 내용이 빈약하거나 천박한 것이 용납된다는 뜻이 아니다. 기도의 의미와 내용에 있어서는 언제나 풍부하고 심오하여 하나님의 뜻을 구하는 것이어야 하지만 그 형식은 단순해야 한다.

사람은 하나님께 기도하도록 지음을 받은 존재이다. 그러므로 사람은 기도 생활을 하여야 한다. 사람의 뜻으로 기도하는 것이 아니라 하나님의 뜻에 의해 기도하여야 한다. '주기도문'은 하나님의 뜻에 맞는 기도 생활의 모델이다. 예수님이 주기도문으로써 우리에게 기도 생활에 대한 사례를 제시하신 것이다.

주기도문은 네 가지 특성을 가지고 있다.

첫째, 무엇을 구해야 하는지에 대하여 가르쳐 주고 있다.

둘째, 하나님의 사역과 이름의 거룩함을 고백하는 것이다.

셋째, 사람들이 살면서 경험하는 문제들 즉 문제와 용서하는 문제, 그리고 보호 등이 다루어짐으로 사람에게 대한 관심을 표명하고 있다.

넷째, 순서나 내용에 있어서의 완전성이다.

주기도문의 내용을 살펴보면 "하늘에 계신 우리 아버지여"라고 하여 먼저 기도의 대상을 분명히 밝히고 있다. 하늘에 계신 아버지는 우리의 아버지이시며 부자 관계로서의 인격적 존재이시다. 하늘에 계신 그 아버지가 바로 우리의 아버지이시라는 표현에서 하나님과 인간 사이의 구체적이고도 인격적인 면모를 발견할 수 있다.

따라서 기도할 때는 반드시 대상을 먼저 불러야 한다. 기도의 대상이신 하나님을 부르지 않고 사람이나 사물을 부르는 사람도 있다. 사람이나 사물은 기도의 대상이 아니다. 우리의 기도 대상은 오직 하나님이시다.

다음으로 아주 중요한 말씀은 "우리 아버지여"라는 구절이다. 왜 '우리'라는 복수를 사용하셨을까? 우리나라 말의 '우리'라는 말은 '울타리'에서 파생된 말이다. '우리'는 울타리 곧 공동체를 뜻하는 말이다. 하나님은 한 사람의 하나님이 아니라 성도들의 공동체의 하나님, 나만의 아버지가 아니라 우리 모두의 아버지이시다.

한편 예수님께서 가르쳐 주신 '주기도'에는 기도의 본질을 말하는 요소가 있다.

"이름이 거룩히 여김을 받으시오며 나라이 임하옵시며 뜻이 하늘에서 이룬 것 같이 땅에서도 이루어지이다"

우리는 하나님의 거룩하신 이름을 찬양해야 하며, 그 나라를 위하여 기도해야 하는 의무를 가지고 있다. 아울러 하나님의 뜻에 순종하기 위한 기도를 드려야 한다. 사람이 하나님께 기도한다는 것은 본질상 그 거룩하심을 찬양하고 그 나라의 영광을 위하여 기도해야 하는 의무를 가지고 있기 때문이다.

뿐만 아니라 예수님께서 가르쳐 주신 '주기도'에는 기도하는 자의 바른 자세가 담겨 있다.

"우리가 우리에게 죄지은 자를 사하여 준 것 같이 우리의 죄를 사하여 주옵시고"

이는 곧 기도하는 사람은 먼저 다른 사람을 향한 용서의 자세를 가지고 기도해야 한다. 즉 기도하는 사람의 자세는 기본적으로 그리스도께서 가르치신 사랑의 계명에 순종하는 것이어야 한다.

끝으로 주기도문에는 전능하신 하나님을 의지하여 도움을 구하며 영생을 확신하는 기도가 있다. 성도는 시험을 경계하고 악을 멀리하고자 하나님께 도움을 구하여야 하며, 양심의 타락을 경계하기 위하여 하나님께 도우심을 구하여야 한다. "우리를 시험에 들게 하지 마옵시고 다만 악에서 구하옵소서"라는 구절은 이를 말하는 것이다. 또한 "나라와 권세와 영광이 아버지께 영원히 있사옵나이다"라는 구절에는 영생을 확신하고 최종적인 승리의 확신이 담겨 있다.

여기서 우리는 예수님이 가르치신 기도를 보다 더 구체적이고 자세하게 살펴볼 필요가 있다.

주기도문으로 응답받은 사람들

PART ONE

하늘에 계신 우리 아버지여
이름이 거룩히 여김을 받으시오며
나라이 임하옵시며
뜻이 하늘에서 이룬 것 같이
땅에서도 이루어지이다
오늘날 우리에게 일용할 양식을 주옵시고
우리가 우리에게 죄 지은 자를 사하여 준 것 같이
우리 죄를 사하여 주옵시고
우리를 시험에 들게 하지 마옵시고
다만 악에서 구하옵소서
대개 나라와 권세와 영광이
아버지께 영원히 있사옵나이다 아멘.

주기도문으로 응답받은 사람들

주기도문과 불면증 치유
- 미국의 백만장자 밀턴의 간증 -

1940년대에 미국의 백만장자 중에 '밀턴'이란 사람이 있었다. 그는 열심히 일하여 작은 회사를 미국 굴지의 대기업으로 성공하여 큰 재산가가 되었다. 그러나 그는 물질적으로는 성공했으나 불면증에 시달리는 고통을 안고 살았다.

급기야 밀턴은 불면증에서 온 합병증으로 몸의 일부 기능이 마비되는 지경에 이르렀다. 그는 미국의 유명한 의사들을 찾아가 병을 고쳐 보려 애썼으나 어떤 의사도 그 병이 무슨 병인지조차 알아채지 못했다. 그의 주변 사람들도 이를 안타깝게 여기고 밀턴의 병을 치료하는 일에 매달렸다.

그러던 어느 날 소문을 듣고 스위스의 유명한 정신과 의사 '구스타프 칼 융'을 찾아갔다. 밀턴을 진찰한 융 박사는 특이한 처방을 내렸다. 러시아 모스크바에서 수백 킬로 떨어진 한 수도원 원장을 찾아가 상담을 해 보라는 것이었다.

밀턴은 융박사의 말을 듣고 즉시 러시아에 있는 수도원을 찾아가 원장과의 면담을 요청했다. 수도원 원장은 그를 만나자마자 이렇게 이색적인 제안을 했다.

"존경하는 밀턴 선생님! 제가 어떤 부탁을 해도 순종하는 마음으로 따르시겠습니까?"

지푸라기라도 잡고 싶은 절박한 처지에 있던 그였던지라 무조건 따르겠노라고 대답했다. 이에 수도원 원장이 말했다.

"하루에 한 번씩 저에게 오셔야 합니다. 그리고 내일 처음 오실 때에는 주기도문을 300번을 외우고 오시기 바랍니다."

이 말을 들은 밀턴은 속으로 화가 났지만, 그렇게 하겠노라고 약속한 후 묵고 있던 호텔로 돌아와 함께 동행했던 보좌관과 비서들에게 불평을 늘어놓았다. 병을 고치려 온 우리에게 웬 주기도문 300번을 하라는 것인지 그 이유를 모르겠다고 했다.
그러자 보좌관들은 여기에 온 목적이 불면증을 해결하기 위해서이고, 그 수도원 원장이 이 병을 낫게 해 주신다니 힘든 것도 아니니까 원장님 분부대로 했으면 좋겠다는 의견을 피력했다.

밀턴은 숙소에서 열심히 주기도문 300번을 하고 다음 날 수도원 원장을 찾아갔다. 그런데 이게 웬일인가? 수도원 원장은 만나자마자 밀턴에게 말했다.

"주기도문 300번을 하셨다면 잘한 일입니다. 다시 돌아가셔서 내일 오실 때에는 주기도문을 600번을 하시고 오시기 바랍니다."

다시 3일 째 되는 날 밀턴을 만난 수도원 원장은 말했다.

"주기도문 600번을 하셨다면 잘한 일입니다. 다시 돌아가셔서 내일 오실 때에는 주기도문을 900번을 하시고 오시기 바랍니다."

이렇게 300번씩 불어나 매일 900번의 주기도문을 기도한 20일 째 되는 날 그에게 신령한 은혜가 임하고 육신이 병에서 치유되는 응답을 받게 되었다. 그 때부터 밀턴은 마음의 문이 열리고 예수님과의 만남이 이루어지면서 하나님의 중심으로 살아가는 새 사람이 되었다.

예수님의 기도철학

예수께서 기도에 관한 이야기를 한 것 중에 악질 판사가 과부의 끈질긴 농성에 할 수 없이 굴복하는 이야기가 있다. 대개의 경우 신자들은 이 이야기에서 무엇이든지 하나님께 기를 쓰고 기도하면 응답이 되고, 한술 더 떠서 기도는 밑천을 들인 만큼 효과가 있다는 공식을 산출한다. 여기서 우리가 배워야 할 것은 과부가 그 재판관과 끈기 있게 대결한 사실이다. 만약 이 과부가 불의한 재판관과의 대결을 회피하고 하나님께 기도만 했다면 그는 자기의 요구 조건을 관철시킬 수 없었을 것이다.

불의한 재판관은 하나님을 두려워하지도 않고 사람도 무시했지만 과부가 원한을 가지고 밤낮 성가시게 구는 것만은 두려워 할 수밖에 없었다. 예수님은 이 이야기에서 기도란 불쌍한 과부가 원한을 품고 결사적으로 재판관에게 매달리듯이 하나님을 믿고 몸으로 현실과 대결하는 것임을 우리에게 가르쳐 주고 있다. 기도란 불의한 재판관의 입에서 정의가 선포되도록 하는 것과 같이 미움에서 사랑을, 절망에서 희망을, 거짓에서 희망을, 추함에서 아름다움을, 싸움에서 평화를, 저주에서 축복을, 어둠에서 빛을 이끌어 내는 힘이다. 10분 기도하는 것보다 20분하는 것이 더 효과적이라는 생각이야말로 하나님에 대한 모독이다. 무조건 기도하면 된다고 믿고 있는 것이 바로 기도의 미신이다.

끈기가 있는 기도가 하늘 문을 여는 하늘 축복의 문을 여는 천국 열쇠가 된다. 무엇을 망설이는가? 우선 일정한 시간을 정하고 그 시간부터 채워가는 노력을 기울여 보자. 채워지는 그 시간만큼 채워지는 응답이 있을 것이라는 믿음을 가질 때 그 믿음에 해당되는 천국 복을 가지는 자가 될 것이다.

주기도문으로 응답받은 사람들
주기도문과 찬송가 305장
- 존 뉴턴의 위대한 어머니의 간증 -

찬송가 305장(통일 405장, 나 같은 죄인 살리신)을 작사한 존 뉴턴의 어머니는 성경에 나오는 사무엘의 어머니였던 한나와 같은 분이셨다. 그녀는 의사가 6년 정도밖에 더 못산다는 사형선고와 같은 통보를 받고서도 마음의 평정을 잃지 않고 하나님께 의지하고 살아온 분이었다.

그의 남편은 당시 바다에서 노략질을 일삼는 노예선의 선장으로 일했지만, 자식만큼은 하나님의 말씀으로 키우려고 노력했던 분이었다. 시간이 날 때마다 그녀는 아들 뉴턴을 불러 앉혀 놓고 열심히 글을 가르쳤다.

뉴턴의 어머니가 가장 먼저 아들에게 가르쳐 준 것은 주기도문이었다. 아들이 완벽하게 주기도문을 외워서 기도할 수 있도록 최선의 노력을 다했다. 그 다음에는 쉬운 찬송가를 암기하여 부를 수 있도록 했다. 뉴턴은 어머니의 기도의 영향을 받았는지 다른 또래 아이들처럼 놀기보다 어머니와 함께 글을 읽고 기도하고 찬송하는 것을 더 좋아했다. 이런 어머니의 헌신적이고 몰아적인 헌신과 기도 덕분에 뉴턴이 4살이 되었을 때 어떤 글이든지 유창하게 읽을 수 있을 정도가 되었다.

뉴턴의 어머니에게는 한 가지 꿈이 있었다. 사랑하는 어린 아들이 커서 목사가 되는 것이 소원이었다. 매일 이 기도 제목이 응답되기를 기도했다. 특히 아들과 함께 열심을 다하여 주기도문으로 기도하는 것을 빼놓지 않았다. 기도가 장차 언제 어떻게 응답될 것인지 알 수 없었지만 믿고 기도했다.

사랑하는 아들 뉴턴이 일곱 번째로 맞이하는 생일을 앞두고 그녀의 몸은 점점 쇠약해져가고 있었다. 기력이 다하여 음식을 더 이상 먹을 수 없을 정도가 되었을 때에도 그녀의 입에서는 주기도문의 기도가 끊이질 않았다. 그러던 어머니는 생일 바로 몇 일전 세상을 떠나고 말았다.

이렇게 어머니를 잃은 존 뉴턴은 후일 어머니를 생각하며 "주님의 오묘한 설계도는 인간의 그 어떤 지혜도 따를 수가 없다"는 말을 남겼다.

뉴턴은 어머니의 기도대로 영국교회 목사가 되었고, 특히 토마스 아켐피스가 쓴 「그리스도를 본받아」를 읽으면서 큰 감동을 받은 후 찬송가 305장을 작시했다. 찬송가에 담겨 있는 그의 시는 존 뉴턴의 신상 자서전적인 살아 있는 간증이나 다름없다.

나는 하나님을 봅니다

어떤 안개 낀 날, 조지 뮬러(George Muller)가 배를 타고 가는데 정 시각에 도착할 것 같지 않아서 기도했다. 그 때에 선장은 염려하며 말하기를, "당신은 이 안개를 봅니까?" 하니, 그는 대답하기를, "나는 안개를 보지 않고 하나님을 봅니다."라고 하였다. 그 때에 안개는 사라지고 배는 정 시각에 도착되었다.

우리는 보이지 않는 하나님을 믿기 보다 당장 눈에 보이는 현실에 얽매이게 된다. 이렇게 문제에 집착되면 해답보다는 실의에 빠진다. 그러나 문제를 비켜서서 하나님을 보면 하나님께서 주시는 소망을 품게 되고 문제도 어느새 해결된다.

주기도문으로 응답받은 사람들
주기도문과 5만 볼트의 기도 위력
― 덕천교회 감상기 장로와 김금숙 권사의 간증 ―

할렐루야! 존귀하신 하나님 아버지께 찬송과 영광을 돌려드립니다. 예수님께서 위암에서 깨끗이 치유해 주신 감격을 함께 나누기 위해서 이 간증문을 씁니다. 저는 직업상 늘 스트레스 많이 받고 살았습니다. 지난 8월 24일 수요일 교회에서 중보기도하는 팀들과 모여서 기도를 하고 있을 때 갑자기 속이 너무 매스꺼워지고 신물이 입가에 맴돌아 구토가 느껴져 기도를 멈추고 화장실로 달려가 토했습니다. 다른 것은 나오지 않고 물만 나왔습니다. 그런 나를 보고 다른 사람들은 위산이 많거나 체하면 그런 일이 종종 있다고 위로해 주었습니다.

이틀 후 교회에서 수련회를 떠난 청년회원들을 돕기 위해서 남원 휴양림에 갔을 때 다시 똑같은 증세가 나타났습니다. 토하는 내 모습을 본 남편은 예사롭지가 않음을 느꼈는지 바로 병원에 가서 위내시경 검사를 받을 것을 종용했습니다.

저는 보험 업무 때문에 병원에 갔을 때 위내시경 검사를 받은 사람들로부터 힘들었다는 말을 들었기 때문에 겁을 먹고 망설이면서 또 일주일이 지나갔습니다. 계속되는 구토 증세를 참을 수 없어 시내에 있는 내과 병원에 가서 약을 타서 먹었지만, 소용이 없었습니다.

다시 병원을 찾은 나에게 의사 선생님께서 예사로운 일은 아니니 즉시 위내시경 검사를 해 보자고 해서 할 수 없이 순종했습니다. 검사를 마친 의사 선생님은 소견서를 써 주시면서 큰 병원으로 가서 다시 한번 정밀 진찰을 받으라고 말씀하셨습니다.

나는 남편과 함께 전남 광주에 있는 조선대학교 부속병원에 가서 입원 수속을 마치고 검사를 받았습니다. 지루한 검사는 하루 종일 계속되었습니다. 위내시경 검사도 하고, 위 부분을 떼어낸 조직검사도 했습니다. 검사를 마치고 입원실에 들어와 잠깐 누워 있는 동안 별별 상념이 교차되어 지나갔습니다. 어린 자식들의 얼굴들!

'이대로 내 생이 끝나는 병에 걸린 것은 아닌가? 왜 하필이면 나에게 이런 징후가 나타나야 했는가?'

시시각각 이해할 수 없는 불안이 내 온몸을 덮는 것 같았습니다. 짧은 순간이었지만, 오랜 세월 병석에 누워 신음하는 환자처럼 기진맥진 쳐진 나는 영락없는 환자처럼 보였습니다.

드디어 검사 결과가 나오는 날이 왔습니다. 위내시경 검사와 조직 검사 결과를 내과 담당 의사가 화면을 보여 주시면서 자세하게 설명해 주셨습니다.

"죄송합니다. 안타까운 일이지만, 육안으로 보기에도 위에 이

> 미 암이 번져 있습니다. 다행히 위말고는 다른 곳에 전이된 흔적은 없으니 너무 걱정하지 마시고 수술을 하면 예후가 좋을 것이니 너무 걱정하지 마십시오."

내 손을 꼭 잡고 위로의 말씀을 해 주셨건만 나는 앞이 캄캄했습니다. 나중에 안 일이지만 가족들과 의사는 이미 결과를 알고 있었고, 다만 본인에게 이 사실을 알려야 할 것인가? 아니면 비밀로 하고 치료를 받거나 수술을 해야 할 것인가를 두고 상당히 고민을 많이 했다고 합니다. 그때 남편인 김상기 장로는 '내 아내가 권사인데 스스로 알고 본인이 믿음으로 감당할 수 있을 것'이라는 확신을 가지고 본인에게 사실대로 말하자고 했다고 합니다.

나는 의사의 말을 듣는 순간 이미 예견이라도 한 사람에게 내려진 선고와 같은 심정으로 조금도 두렵거나 무섭게 들려지지 않았습니다. 순간 나는 기도했습니다.

> "하나님! 주님의 이름으로 치유될 줄 믿습니다. 저를 통하여 하나님이 살아 계심을 만민에게 증거할 수 있는 기회가 되게 하여 주옵소서."

수술 날짜를 잡자는 병원 간호사의 부탁을 뒤로 하고 저는 일단 다시 집으로 돌아왔습니다. 서울에 있는 더 큰 병원에서 다시 한번 종합 검사를 해 보자는 가족의 배려 때문이었습니다.

마침 추석 연휴기간이라 일단 집에 왔다가 다시 가기로 하고 위로해 주시기 오신 목사님, 장로님들과 함께 집으로 왔습니다. 집에 오자마자 고

창중앙교회를 섬기시는 신남식 장로님이 오셔서 위로하는 말과 기도를 하신 후 안산에서 정형외과 의사로 계시는 장로님 한 분이 신유의 능력을 가지신 분을 알고 있으니 함께 가자는 제안을 하셨습니다.

평소 남편과 함께 기도하면서 우의를 나누던 분이셨기 때문에 믿고 가기로 했습니다. 장로님을 만나 함께 간 분들과 기도를 하면서 저는 이렇게 기도했습니다.

> "십자가 보혈의 피로 우리의 육과 영을 씻어 주시기를 원하시는 하나님! 이 모습 그대로 받아 주옵소서. 주님 피 묻은 손으로 저의 몸에 난 상처를 어루만져 주옵소서."

짧지 않는 순간이었지만, 나는 온 몸이 뜨거워지고 보혈의 피 묻은 예수님께서 내 몸을 어루만져 주시는 것 같은 느낌을 받았습니다. 그리고 "내 사랑하는 딸아! 안심하라! 안심하라!"는 음성이 들려오는 것을 느낄 수 있었습니다. 이상한 것은 지금까지 차 안에서 깊은 잠을 자지 못했던 내가 안산을 떠나 집 앞에 도착할 때까지 참으로 오랫만에 깊은 잠을 차 안에서 잘 수 있었습니다.

기도를 통해서 얻은 편안함 속에 몇 일을 보내는 사이 사업에 바쁜 남편은 모든 일을 뒤로 하고 나를 데리고 다시 서울대학병원에 갔습니다. 그곳에서도 결과는 마찬가지였습니다. 결국 수술 날을 잡고 집으로 내려 왔습니다.

위암에 걸려 수술을 한다는 소문이 나자 많은 성도들이 기도와 위로의 전화를 해 주었습니다. 한 분은 수술을 하면 몸에 수술 칼을 대는 순간 암세포는 임파선을 타고 전이된다는 말을 하시는 분도 있었습니다. 때로는 두려운 생각이 들었지만, 하나님께서 나와 함께 하신다는 확신과 기도를 통해서 하나님께서 치유해 주실 것이라는 확신도 강하게 들었습니다.

　　남편은 서울로 올라가 서울대학병원에 입원을 위한 수속을 마치고 왔습니다. 그 날 밤 남편은 용인에서 목회하고 있는 내 쌍둥이 여동생의 남편(엄기택 목사)을 만나 주기도문 만 번 드리기 운동에 대한 이야기를 듣고 이미 많은 분들이 이 기도를 통해서 응답을 받았다는 말을 들었다고 하면서 주기도문 계수기 10개를 구해 가지고 온 자초지종을 이야기했습니다.

　　나는 그 말을 듣는 순간 '그래! 맞아! 하나님이 주신 기회다!'라는 생각이 들었습니다. 그리고 남편 장로님은 가족들에게 내 병의 치유를 위해서 온 가족이 각자 주기도문 만 번을 드릴 것을 당부하고 하나씩 나누어 주었습니다.

　　나는 물론 친정 어머니와 딸과 남편이 동시에 주기도문 일만 번 중보기도가 시작되었습니다. 서울대학병원에 다녀온 날부터 나의 기도는 계속되었습니다. 수술이 있는 날까지 일만 번을 드리고 싶었습니다. 오랫동안 고민하고 밥도 제대로 먹지 못한 관계로 입술은 부르트고 얼굴도 부었지만, 열심히 주기도문을 외웠습니다. 예약된 수술 날이 다가오자 나는 다시 서울대학병원에 입원했습니다.

　　큰 소리로 주기도문을 외우고 싶을 때는 병실에서 나와 병원 한 구석에 쪼그리고 앉아 열심히 주기도문을 드렸습니다. 그 사이 내 남편 장로와 딸 그리고 두 동생들은 일만 번의 주기도문을 끝냈다는 말을 들었습니다. 그 때 저는 문득 그런 생각이 들었습니다. 주기도문 한 번이 1볼트라고 한다면 이미 우리 가족이 나를 위해서 5만 번 주기도문을 한 것이니 이것은 5만 볼트의 주기도문의 능력의 불길이 나의 아픈 상처를 이미 태워버렸을 것이라는 확신이 들었습니다.

　드디어 예약된 수술 날이 되었습니다. 잠이 올리 만무였습니다. 이불을 뒤집어쓰고 억지로 잠을 청해 보았지만 허사였습니다. 주 예수님께서 십자가의 고통을 앞에 두고 겟세마네 동산에서 기도하실 때의 심정을 생각하며 기도했습니다.
　내 이웃이 아파 있을 때 돌보지 않고 외면했던 것도 생각을 하면서 회개하는 눈물도 흘렸습니다. 수술이 무서운 것이 아니라 수술 후에 후유증으로 큰 우울증에 시달릴 것 같은 걱정이 파도처럼 내 마음에 출렁이고 있는 것을 느꼈습니다. 그러면서 갑자기 남편이 미워지기도 하고 '왜? 하필이면 나인가?'라는 원망이 들기도 하고 분노가 치솟아 서러워서 하염없이 눈물을 흘렸습니다. 지금 생각하면 그 짧은 시간 원수 마귀가 나를 이리저리 굴리는 강한 시험을 했다는 생각이 들었습니다.

　그 때 나는 기도했습니다. 예수님의 옷자락을 만지고도 혈루병에서 해방된 한 여인처럼 나에게도 그런 기적이 일어날지도 모른다는 강한 소망이 일어났습니다. 그렇게 잠을 못 자고 뒤척이고 있을 때 사랑하는 동생에게서 전화가 왔습니다.

> "언니! 신유의 은사를 가진 목사님께 마지막으로 다시 한번 기도를 받아보고 하나님께 의지해 보자."

　아마 그 때가 밤 11시가 되는 시간이었습니다. 나는 마지막으로 예수님의 옷자락을 만진 혈루병을 앓던 한 여인의 심정으로 예수님께 기대하고 싶은 강한 의욕이 생겼습니다. 더구나 5만 볼트의 주기도문의 응답이 있을 것이라는 확신이 더 강하게 내 맘에 충만했기 때문에 초조하게 내 곁에 앉아 기도하고 있는 남편 장로에게 말했습니다.

"여보! 동생이 전화를 했는데 신유의 은사를 가진 목사님께서 지금 기다리고 계신대. 한번 가서 기도를 받고 싶어. 여보! 나 그 목사님께 가고 싶어······."

한참 뭔가를 생각하던 남편 장로가 말했습니다.

"당신이 그렇게 원한다면 그렇게 합시다. 당신 믿음을 보시고 주님께서 응답해 주실 것으로 믿고 가 봅시다."

순간 내 남편의 믿음이 그렇게 반가울 수가 없었습니다. 내일이면 수술을 해야 하는 이 밤에 병원을 나와 안수 기도를 받으러 간다는 말에 핀잔을 들을까 내심 걱정하고 있던 것이 한낱 기우였다는 생각에 부끄럽기까지 했습니다. 남편의 말이 끝나기가 무섭게 링거를 남편에게 빼달라고 부탁했습니다. 그리고 환자복을 입은 채 1층으로 내달려 택시를 잡는 순간 병원 직원에게 발각되었습니다.

우리는 다시 병실로 올라와 입원할 때 입고 왔던 옷을 챙겨 남편에게 1층 화장실 앞에서 기다리라는 말을 한 후 따로 다른 길을 1층으로 향했습니다. 그 때 내일 수술을 앞두고 직장에서 늦게 끝나 나를 면회온 남동생이 앞을 가로막는 것이었습니다. 차라리 이렇게 하려면 수술 하루 전에 퇴원을 해서 다녀올 것이지 수술 전날 이렇게 갑자기 병실을 떠나면 지금까지 도움을 준 분들을 어떻게 대하려고 그러느냐는 듯 실망스러운 눈빛으로 말했습니다.

나는 용기를 내어 동생에게 말했습니다.

> "고맙다! 네가 애쓴 덕분으로 입원실을 얻고 수술 날이 빨리 잡힌 것을 잘 안다. 그러나 어쩌겠니? 미안하게 되었지만 우선 내가 살고 봐야 되지 않겠느냐! 조금도 걱정 말고 믿음으로 승리할 수 있도록 기도만 해다오. 내가 하나님께 나를 맡겼으니 하나님께서 뒷일도 잘 처리해 주실 것으로 믿는다."

그리고 나는 곧바로 병원을 떠나 안수기도를 해 줄 목사님이 기다리는 곳으로 달려갔습니다. 동생의 남편되는 목사의 부탁으로 교회에 와 계신 목사님이 계시는 교회에 도착해서 교회로 들어가는 순간 교회 안에서는 방언으로 기도하는 소리가 들려왔습니다. 목사님은 나를 보시고 자초지종을 들으신 후 즉시 안수기도를 해 주셨습니다.

목사님은 기도가 끝난 후 위암이 틀림없다는 것과 심장, 신장, 지방간, 자궁, 왼쪽 목뼈가 빠진 것도 다 말씀하셨습니다. 목사님께서는 진찰 은사와 신유 은사, 전인 치유로 주님께 손만 빌려 드리는 주님의 사역을 감당하시는 분이었습니다.

기도를 마친 목사님께서 말씀하셨습니다.

> "마음 속에 혹시라도 미운 감정이 있다면 다 버리시기 바랍니다. 그리고 용서받은 것처럼 용서해 주시기 바랍니다! 예수님의 능력을 믿으시기 바랍니다. 예수님의 능력을 믿으시기 바랍니다."

나는 한없이 흘러내리는 눈물을 닦으면서 "오! 주님 제가 잘못했습니다." 라고 울부짖으면서 회개하는 기도를 계속했습니다. 순간 다시 한번 가슴이 뜨거워지면서 치유된 확신이 들기 시작했습니다. 온 가족이 함께 드린 주기도문 5만 번은 5만 볼트보다 더 강한 하나님의 능력이 전달되는 전선과도 같이 내 심령을 뚫고 들어와 병든 곳을 불살라 버릴 것이라는 확신이 들었습니다.

다음 날 동생은 혼자 병원에 가서 정중히 사과하고 남은 짐을 챙겨 들고 내가 기다리고 있는 집으로 돌아왔습니다. 나는 치유된 확신과 기쁨을 가지고 더욱 겸손한 마음과 말씀 가운데 그리스도를 내 마음에 모시고 믿음 안에서 강건하며 승리하는 인생을 살 것을 다짐하면서 오늘도 수만 볼트의 기도 능력을 불을 지피는 주기도문을 봉헌하고 있습니다. 다시금 이 모든 영광과 경배와 찬송을 나의 주 하나님께 올려 드립니다.

어느 가정 설계사의 기도

성경을 연구한다는 신학자들이 모여서 '기도'에 대하여 이야기하고 있었다. 함께 모였던 대부분의 신학자들은 "항상 기도한다는 것은 매우 어려운 일이다" 라는 결론을 내렸다. 때마침 그 모임의 차 시중을 들기 위하여 그 방을 드나들던 가정부가 놀라며 한 마디 한다.

"나는 항상 기도하는 것이 조금도 어려운 일이 아니라고 생각합니다."

뜻하지 않은 가정부의 출현에 놀란 신학자들은 흥미 있게 생각하며 왜 그러냐고 물었다. 그녀의 대답은 이러했다.

"나는 아침에 눈을 뜨면 하나님께 '나의 마음의 눈까지 뜨게 해 주옵소서' 하고 기도하며 일어납니다. 또 옷을 입을 때는 '나의 영혼에 믿음의 옷을 입혀 주옵소서' 라고 기도하며 옷을 입습니다. 또 세수를 할 때는 '나의 마음도 언제나 깨끗하게 주님의 보혈로 씻어 주옵소서' 하고 기도합니다. 또 청소를 할 때에도 '내 마음 구석구석이 깨끗이 청소되어 죄가 잠깐이라도 내 속에 있지 않게 하옵소서' 라며 일을 합니다. 또 밥을 먹을 때 '음식을 주셔서 감사합니다' 하고 감사의 기도를 드립니다. 쉴 때는 '이 다음에 영원한 안식에 들어가도록 해 주옵소서' 하고 기도를 합니다."

하나님은 우리가 하지 못할 일을 시키지 않으신다. 우리는 이제 마음을 가다듬고 기도하는 것부터 차근차근 실천에 옮겨야 할 때이다.

그리스도인이 알아야 할 핵심
PART TWO

하늘에 계신 우리 아버지여
이름이 거룩히 여김을 받으시오며
나라이 임하옵시며
뜻이 하늘에서 이룬 것 같이
땅에서도 이루어지이다
오늘날 우리에게 일용할 양식을 주옵시고
우리가 우리에게 죄 지은 자를 사하여 준 것 같이
우리 죄를 사하여 주옵시고
우리를 시험에 들게 하지 마옵시고
다만 악에서 구하옵소서
대개 나라와 권세와 영광이
아버지께 영원히 있사옵나이다 아멘.

그리스도인이 알아야할 핵심
기도란 무엇인가?

"하나님으로 하나님 되게 하라"(Let God be God) 이는 종교개혁자 마틴 루터의 말이다. 루터는 이 말의 뜻을 "하나님께서 보여 주신 길로 하나님께 나아가는 것을 뜻한다"고 해석했다. 하나님이 보여 주시고 하나님께 나아가는 길은 바로 예수님이다. 예수님만이 길과 진리요 생명으로서 하나님께 갈 수 있는 유일한 길이다.

"예수께서 이르시되 내가 곧 길이요 진리요 생명이니 나로 말미암지 않고는 아버지께로 올 자가 없느니라" (요 14:6).

예수님은 아버지의 뜻대로 세상에 오셨고, 아버지의 뜻에 따라 우리를 대신하여 십자가에서 죽으시고 피를 흘리심으로 우리의 죄를 속량하셨다. 이것을 믿는 우리는 예수님의 이름으로 하나님의 자녀가 되고 예수님의 이름으로 하나님께 나아갈 수 있게 되었다. 이것이 곧 복음의 핵심 내용이다.

그 예수님께서 우리에게 기도 곧 '주 기도'(The Lord's Prayer)를 가르치셨다. 예수님이 기도를 가르치심으로 하나님의 뜻을 알고 하나님의 뜻대로 기도하는 방법을 알려 주신 것이다. 예수님께서는 이 기도에서 기도의 참다운 내용과 방법 그리고 기도의 순서에 대한 모형을 제시하셨다. 예수님은 기도의 문자적 모형만을 제시하려는 것이 아니고, 기도의 정신과 모형까지 제시하셨다.

이에 교회는 3세기 이후부터 예수님께서 가르치신 '주기도'를 교회의 공동 기도문으로 사용하였고, 새신자들에게 기도를 가르칠 때 주의 기도를 외우도록 권면하였다. 사람이 만드는 기도문을 사용할 바에야 예수님이 가르치신 기도문을 사용하는 것이 훨씬 더 본질적이기 때문이다.

예수님께서 가르쳐 주신 '주기도'의 특징은 신자가 하나님께 구하는 모든 것을 통괄하는 기도이다. 주님의 기도는 '완벽성'과 '간결성'을 지니고 있다. 총 70단어로 구성된 6문장의 짧은 기도이지만 모든 그리스도인의 '기도의 틀'(pattern)이라 할 수 있다. 예수님께서는 주기도문을 통해서 기도에 대한 분명한 신앙의 모습이 담긴 기도를 가르쳐 주신 것이다.

주기도문을 살펴보기 이전에 먼저 기도가 무엇인가를 알아보자. 기도할 때 응답을 받고 기도의 응답으로 나타나는 축복의 모양이 무엇인지, 어떻게 기도의 능력을 체험하고, 기도 생활을 지속할 수 있는지를 알아보자.

기도란 무엇인가?

기도는 방문해 달라는 하나님의 초청이다. 기도는 우리의 요구 사항을 말하는 것 정도가 아니다. 그 이상이다. 즉, 기도는 하나님의 특별한 사랑에서 나온 교제의 요청인 것이다. 하나님은 자녀와 함께 지내고 싶어하신다. 그리고 기도를 통해서 우리는 언제든지 아버지를 만난다. 자녀들은 기도로써 아버지 하나님의 지극히 거룩한 방에 들어갈 수 있다.

아버지는 자녀에게 아무 조건도 말하지 않는다.
"만약 너희가 나를 믿으면"이라든지 "만약 너희가 나를 사랑하면"이라고 요구하지 않는다. 이것은 유대인 또는 율법 아래 있는 자들에게나 요구되는 말이다. 그는 말한다.

> "수고하고 무거운 짐 진 자들아 다 내게로 오라 내가 너희를 쉬게 하리라" (마 11:28).

쉬기 위해서지 노동하기 위해 기도하는 게 아니다.

기도는 도움을 요청하는 우리의 목소리다. 하나님에 대한 믿음의 소리다. 그러므로 기도는 필요의 느낌에서 시작해서 그 필요가 해결되었다는 확증을 준다. 능력과 은혜와 신유와 승리와 경제적 도움을 당당히 요청한다. 필요한 것이 무엇이든 요구한다.

기도는 믿음의 입술에서 나오는 살아있는 말이다. 기도는 복음의 말씀을 거울처럼 붙잡고 있다. 하나님은 이 거울을 통해 자신을 보이신다. 그것을 하나님이 말씀으로 주셨다.

하나님과 말씀은 하나이다. 그는 아들을 말씀이라 부르며 자신의 말씀을 존중한다. 그러므로 예수와 하나님의 말씀은 하나이다. 그가 아들 속에 아들과 함께 계셨듯이, 오늘날 하나님은 말씀 속에 말씀과 함께 계신다. 그의 말씀을 통해서 우리는 하나님과 만난다. 기도로 우리는 하나님의 면전에서 숨쉬며 하나님과 충분히 가까운 곳에 있게 되는 것이다.

불신앙은 기도하지 않는다. 단지 중얼거릴 뿐이다. 불신앙은 하나님의 말씀보다는 자신의 수고한 공로를 내세운다. 아무리 많이 말하고 힘들게 오래 말하며 새벽이나 밤에 금식하며 부르짖어도 말씀을 신뢰하지 않는 기도는 중언부언일 뿐이요, 아무것도 이루지 못한다.

기도는 우리를 향한 하나님 계획의 한 부분이다. 하나님은 기도를 통해 하나님의 말씀을 말하고 우리로 그 말씀을 행동하게 하신다. 기도를 통해서 우리는 계속적으로 하나님과 교제한다. 그 교제는 말씀을 알게 하고 마음을 비춘다. 그것이 몸에 힘을 주고 정신을 맑게 한다.

기도는 영적 훈련이다

기도로 내 영은 아버지를 접한다. 또한 아버지를 통해 내 영은 다른 사람의 영을 만난다. 바울은 "내 영과 주 예수의 영이 너희와 함께 있다"고 하였다. 우리는 이렇게 기도를 통하여 하나님과 영으로 하나된다. 그러면서 우리는 말씀과 성령에 지배된다. 그러면서 악령과 그의 일을 제어하는 것이다.

우리는 말씀으로 귀신을 추방한다. 약함은 하나님의 힘으로 파괴된다. 우리가 병자를 위해서 기도할 때 병은 그들을 떠난다. 하나님의 생명

자체가 우리의 입술을 통해서 흘러나온다.

> "나를 믿는 자는 성경에 이름과 같이 그 배에서 생수의 강이 흘러나오리라"(요 7:38-39).

우리 입의 기도를 통해 나오는 말씀은 세상을 지배한다. 세상은 그것을 알지 못하나 지배되고 정복되는 것은 느낀다.

"내 이름으로 귀신을 쫓아내며"(막 16:17)란 그들을 지배한다는 말이다. 하나님은 참으로 우리의 입을 통해 세상을 움직인다. 기도의 가치는 항상 하나님과 교제한다는 것과 그로부터 오는 응답에 있다. 만약 기적을 부인한다면 기도할 필요도 없다. 하나님이 우리 기도를 들으셨다는 말은 기도에 응답하셨다는 말과 같다. 그것은 당연히 기적을 베푼다.

우리는 기도를 통해 거룩한 제사장의 직책을 수행한다. 기도 가운데 예수의 이름을 사용하면 우리는 하나님의 음성이요 대변인이요 대사(大使)가 된다. 우리는 예수를 대신하여 행동하고 지배한다. 본래 하나님은 아담에게 우주를 지배하게 하셨다. 그 지배가 예수를 통해 우리에게 회복되었다. 그러나 우리가 그의 이름으로 이 권세를 사용하지 않으면 아무 소용이 없다. 그러므로 기도를 통하여 지배권을 사용하겠다고 결심하라.

예수는 그 지배권을 행사하셨다. 그는 풍랑을 지배하였다. 병을 치료하고 죽은 자를 일으키셨다. 예수님은 5천명을 보리떡 다섯 덩이로 먹였다. 이제 그 힘은 그의 이름 안에 있고 오늘 우리 성도가 그 이름을 사용한다. 그는 살아있는 말씀으로 그의 이름으로 성령으로 우리 안에 계신다.

이제 우리 입을 통해 그의 말씀과 이름과 성령은 운동하신다. 왜 하나님은 우리를 구원하셨는가? 왜 새 존재로 만드셨는가? 왜 자신의 고귀한 이름을 주셨는가? 총이나 칼, 권력과 돈이 세상을 지배하는가? 하나님이 지금도 살아 계셔서 통치하시며 우리가 그와 하나되었다고 믿는가? 그렇다면 기도하라! 기도하는 사람과 하나님은 함께 하신다.

기도는 특권이다

우리 모두는 기도의 특권이 주어졌다. 하나님에게는 쓸모없는 지체가 없다. 그리스도의 영적 지체에는 하나도 불필요한 것이 없다.

우리가 하나님의 자녀로 태어나 그리스도의 한 지체가 되는 순간 우리에게는 거기 맞는 사명과 능력이 주어졌다. 만약 누구든 신앙이 없다든지 성경 지식이 부족하다든지 하며 핑계 댄다면 스스로 속고 있는 것이다.

자신이 하나님의 지체임을 모르고 있다면 손해는 무서운 것이다. 병이나 불행이나 가난이나 어떤 형태이건 결핍에 사로잡힐 것이다. 신앙 생활 밖에 있는 것이 자유스럽다고 여긴다면 잘못된 생각이다. 아이가 집 떠나 무슨 자유를 누리겠는가! 하나님 밖의 삶은 가치도 없다. 하나님 뜻 안에 있는 것이 우리가 할 가장 중요한 일이다.

기도하는 데 시간 보내는 것이 아까운가? 권력자나 부자를 사귀는 것보다 하나님을 사귀는 것이 훨씬 이익이 많다. 하나님과 멀어지면서 일이 잘되기 바라는가? 쾌락과 음욕에 사로잡히면 그 짐에 억눌리게 된다. 우리에게 주어진 가장 큰 의무는 기도하는 것이다. 가족을 위해! 사랑하는 사람을 위해! 사업을 위해! 교회를 위해! 사회를 위해 얼마든지 우리의 조용한 지배를 넓혀 나갈 수 있다.

기도는 노동이 아니라 권리이다. 스스로 권리를 찾으라. 조용한 자리에 가서 하나님과 교제하라. 만약 일이 많아서 기도할 시간이 없다면 일하면서 기도하라. 기도하지 않는 것은 하나님의 부르심에 거역하는 것이다.

이제 사회의 무질서와 악함을 비판하지만 말고 기도하자. 하나님의 사랑을 구하며 기도의 책임을 행하자. 사랑하는 사람의 안녕에 대하여, 사업에 대하여, 원하는 일에 대하여 걱정하지 말고 하나님께 부탁하자. 우리의 권리며 동시에 의무인 기도의 몫을 다하자! 지금 이 시간부터.

하늘에 계신 우리 아버지여
이름이 거룩히 여김을 받으시오며
나라이 임하옵시며
뜻이 하늘에서 이룬 것 같이
땅에서도 이루어지이다
오늘날 우리에게 일용할 양식을 주옵시고
우리가 우리에게 죄 지은 자를 사하여 준 것 같이
우리 죄를 사하여 주옵시고
우리를 시험에 들게 하지 마옵시고
다만 악에서 구하옵소서
대개 나라와 권세와 영광이
아버지께 영원히 있사옵나이다 아멘.

그리스도인이 알아야할 핵심
기도로 받는 축복

기도할 때 주어지는 선물이 무엇인지 아는가? 만약 기도로 받는 축복이 무엇인지를 안다면, 이른 새벽 교회에 나가서 기도하는 일이 즐거울 것이다. 밤을 지새우며 기도하는 철야 기도 시간이 기다려질 것이다. 금식하며 기도하는 것도 무거운 짐이 아니라 축복으로 생각될 것이다. 기도는 하나님의 자녀들이 가지고 있는 최고의 무기이다. 하나님의 모든 보화를 캐내는 도구이다. 하나님의 축복을 우리에게 전달하는 통로이다.

그렇다면 성도가 기도할 때 받는 축복, 곧 기도의 결과로 임하는 축복은 무엇일까?

먼저 기도의 결과로 받는 축복은 '사죄의 은총'이다. 악한 세상에 발을 딛고 사는 인간은 늘 죄에 노출되어 있다. 예수를 믿고 거듭난 성도라도 죄악 세상을 아주 떠나 살지 않는다.

성도들은 세상 '속에서' 살고, 세상과 '벗하여' 살기 때문에 늘 죄와 접하며, 죄를 이기지 못함으로 고민과 갈등과 좌절 속에서 몸부림칠 수 있다. 하지만 바쁜 생활 가운데서도 시간을 쪼개어 틈틈이 기도하는 성도들은 이러한 갈등과 고민을 이기는 힘을 가지고 있다.

왜 그러한가? 말씀과 언약에 신실하신 하나님께서 죄를 고백하고 하나님의 얼굴을 구하는 성도들의 부르짖음을 외면하지 않겠다고 약속하셨기 때문이다.

죄책을 짊어진 사람이 하나님께 외면당하고 갈등과 좌절 때문에 몸부림치지만, 자기의 죄책을 내려놓고 하나님과 늘 대면하여 사는 기도의 사람의 삶은 활력이 넘치게 될 것이다. 그러므로 삶에서 하나님의 관심과 섭리와 보호하심을 깊게 경험하기를 바란다면 하나님께 규칙적으로 기도하는 습관이 필요하다.

기도의 결과로 얻어지는 또 다른 축복은 '성령의 능력과 은사'이다. 하나님은 믿는 성도들에게 성령을 주시겠다고 약속하셨다. 성자 예수님도 보혜사 성령을 보내시겠다고 약속하셨다.

그렇다면 약속의 성령은 언제 오시는가?
기도할 때 오신다. 예수님께서도 기도하실 때 비둘기 같은 성령이 임하셨다. 120명의 제자들도 기도할 때 성령의 임하심을 체험하였다. 그들은 기도하되 한 장소에 모여 합심하여 기도하였다. 기도에 온 힘을 다하였다. 이러할 때 불같은 성령이 임하였다. 성령의 은사와 능력이 그들에게 나타났다.

오늘날 성령의 은사가 거저 주어진다고 믿는 성도는 한 사람도 없다. 하지만 기도하는 사람에게 성령이 임하신다는 사실을 깨닫고 힘써 기도하는 성도들도 그리 많지 않다. 이는 너무나 안타까운 일이다.

기도는 성령의 은사와 능력을 목적으로 하지 않는다. 순수하게 하나님과 대화하는 것이 좋다. 기도를 통하여 하나님을 찬양하며, 위기와 고민 중에 하나님께 아뢰고 혹은 하나님의 일을 하기에 앞서서 하나님께 아뢰는 것이다.

하나님께서는 기도하는 사람에게 성령의 은사와 능력을 축복으로 주신다. 기도 중에 위기와 고민에서 빠져 나오는 방법을 알고, 하나님의 일을 훌륭하게 수행하게 하는 은사와 능력을 받는다. 주께서는 기도하여 자신을 깨끗이 단장하는 사람에게 성령을 베푸신다. 이에 시인 다윗은 다음과 같이 간구한다.

"하나님이여 내 속에 정한 마음을 창조하시고 내 안에 정직한 영을 새롭게 하소서"(시 51:10).

기도하는 사람에게 성령의 열매가 나타난다. 성령은 거룩한 영이요 거룩한 열매를 맺게 하시는 영이다.

"오직 성령의 열매는 사랑과 희락과 화평과 오래 참음과 자비와 양선과 충성과 온유와 절제니 이같은 것을 금지할 법이 없느니라"(갈 5:22-23).

성령은 우리로 '유혹의 욕심을 따라 썩어져 가는 구습을 따르는 옛 사람을 벗어버리고, 오직 심령으로 새롭게 되어 하나님을 따라 의와 진리의 거룩함으로 지으심을 받은 새 사람'이 되게 하신다(엡 4:22-24).

기도하는 사람은 그 기도의 결과로 경건한 삶을 살게 된다. 따라서 경건하고 바르게 살려는 사람은 하나님께 기도해야 한다. 기도하는 사람이 하나님과 바른 관계를 가지고, 하나님께서 원하시는 삶을 사는 거룩한 욕구를 가진다. 하나님이 그 거룩한 욕구에 축복하신다. 기도로 하나님 앞에 자신을 깨끗하게 드린 사람에게 하나님이 영혼에 성령을 부으실 것이며, 성령께서는 우리에게 거룩한 소욕을 불러일으켜 성결한 삶을 살게 하신다.

과학과 문명의 발달로 인간의 능력이 극대화되면서 성도들에게 기도의 당위성이 점점 희박해져가고 있다. 예전 같으면 기도로 해결해야만 했던 일들을 현대 과학과 문명의 기술로 다 해결된다고 믿는 풍조가 퍼지고 있다.

하지만 아무리 그래도 기도는 하나님이 성도들에게 내려 주신 놀라운 선물이다. 기도를 통해 우리는 초자연적인 하나님의 능력을 체험하고 동시에 이 세상을 경건하게 살아갈 수 있는 능력을 공급받기 때문이다.

기도의 결과로 주어지는 또다른 축복은 변화되어 '승리하는 삶'을 살게 하는 축복이다. 성경에는 기도로써 승리를 얻은 사례가 많이 기록되었다.

모세는 아말렉과의 전투에서 기도로 승리했다(출 17:11). 히스기야는 앗수르 군대의 위협을 기도로 물리쳤다(왕하 19:20). 에스더와 온 유다인은 기도로써 하만의 악한 계획을 물리쳤다(에 4:16). 예루살렘 교회는 유대인들의 박해를 기도로 물리쳐 이겼다.

이러한 사실들은 기도가 인간의 힘으로 할 수 없는 신비한 문제 해결의 능력이 있다는 것을 보여준다. 기도하는 것이 실현될 때 우리는 하나님이 응답하셨다는 것을 깨닫게 된다.

그러므로 성도들은 기도해야 한다. 문제가 있을 때도 기도해야 하고 문제가 없을지라도 기도해야 한다. 기도하는 성도는 패배하지 않는다.

이에 하나님께서는 이사야를 통해 이렇게 말씀하신다.

> "오직 여호와를 앙망하는 자는 새 힘을 얻으리니 독수리가 날개치며 올라감 같을 것이요 달음박질하여도 곤비하지 아니하겠고 걸어가도 피곤하지 아니하리로다"(사 40:31).

기도하는 사람에게는 변화의 축복이 있다. 옛 사람이 변하여 새 사람이 된다. 육의 사람이 변하여 영의 사람이 된다. 땅의 사람이 변하여 하늘의 사람으로 변한다. 시기, 질투, 미움이 사랑과 자비로 변하고, 걱정과 근심이 평안으로 바뀌며, 정욕과 죄악에 물든 마음이 거룩한 마음으로 변화된다.

이처럼 기도하는 사람이 변화의 축복을 받게 되는 것은 기도와 동시에 습관적으로 생활 가운데서 하나님의 뜻을 살피기 때문이다. 오랜 신앙의 연륜을 가진 성도라 할지라도 매일 기도하지 않으면 생활 가운데 일일이 하나님의 뜻을 살피기 어렵다. 하나님과의 만남이 없으면 하나님의 뜻에 대한 감각이 무디어진다.

그러나 기도하는 사람은 매일 하나님을 만나 대화하므로 행동하기 전에 반드시 하나님의 뜻을 살피게 되고, 그 결과로 그만큼 죄를 범하지 않게 된다. 그러므로 구체적으로 시간을 정해 놓고 하나님을 만나는 행동이 있어야 한다. 하나님과의 규칙적인 만남이 없이는 우리의 신앙이 자랄 수가 없으며, 하나님과 점점 멀어지며, 죄와는 점점 가까워지기 때문이다. 이처럼 기도는 만사를 변화시킨다.

기도하면 얽힌 문제들이 스르르 풀린다. 감당하기 힘든 원수를 만난다 하더라도 기도하면 물리치는 역사가 일어나고, 태산같은 어려운 문제가 있다 하더라도 기도하면 홍해가 갈라지고, 여리고 성이 무너지듯이 문제가 해결된다.

하나님은 우리가 기도할 때 가까이 계시고 우리 기도를 들으신다. 그러므로 기도는 축복이며, 하나님의 은혜를 주시는 방편이다. 기도는 하나님의 능력과 권능이 우리에게 나타나는 은혜의 통로이다. 그러므로 기도는 성도에게 있어 의무라기보다 축복이며 권리이다.

그리스도인이 알아야할 핵심
담대히 외쳐라!

하나님께 기도를 드리면서 하나님께서 기도를 듣지 않으실 거라고 생각하는 사람은 매우 어리석은 사람이다. 그러나 그보다 더 어리석은 것은 '하나님께 드리는 모든 기도가 응답될 것'이라고 믿는 것이다.

반짝이는 것이 다 금이 아니듯이 기도의 모양을 가졌다고 해서 다 기도가 아니다. 기도 중에도 하나님께서 들으시고 응답하는 기도가 있고, 하나님께서 듣지 않으시므로 응답되지 않는 기도가 있다.

기도의 응답을 받으려면
유창한 기도, 큰 소리로 외치는 기도, 화려한 수식어에 격식을 갖춘 논리적인 기도라도, 응답이 없는 기도라면 쓸데없는 공허한 소리에 불과하며 무익한 공기의 울림이라 할 수 있다. 그렇다면 기도의 응답을 받으려면 어떻게 해야 할 것인가? 어떤 기도가 응답 받은 기도인가?

먼저 하나님의 뜻대로 하는 기도가 하나님의 응답을 받는다.

조지 뮬러는 일생에 걸쳐 오만 번 기도 응답을 받았다고 한다. 뮬러는 기도의 사람으로서 하나님의 특별한 사랑을 받은 것이다. 뮬러뿐만 아니라 누구든지 하나님으로부터 사랑을 받고 기도의 응답을 받을 수 있다.

문제는 '어떤 기도를 드리고 있는가?'에 달려 있다. 즉 하나님의 뜻에 합한 기도를 드려야 하는 것이다.

이에 사도 요한은 다음과 같이 증거한다.

> "그를 향하여 우리의 가진 바 담대한 것이 이것이니 그의 뜻대로 무엇을 구하면 들으심이라" (요일 5:14).

하나님의 뜻대로 하는 기도가 응답 받는다는 말이다. 그렇다면 '하나님의 뜻대로 하는 기도'란 무엇인가? 예수님께서 하신 기도를 보면 알 수 있다.

> "내 아버지여 만일 할 만하시거든 이 잔을 내게서 지나가게 하옵소서 그러나 나의 원대로 마옵시고 아버지의 원대로 하옵소서" (마 26:39).

예수님께서는 하나님의 뜻대로 하는 기도를 다음과 같이 가르쳐 주셨다.

"나라이 임하시오며, 뜻이 하늘에서 이루어진 것 같이 땅에서도 이루어지이다"(마 6:10).

"너희는 먼저 그의 나라와 그의 의를 구하라 그리하면 이 모든 것을 너희에게 더하시리라"(마 6:33).

우리는 예수님이 하신 기도와 기도에 대한 가르침에서 하나님께 응답받는 기도는 내 뜻을 앞세우는 기도가 아니라 아버지의 뜻을 앞세우는 기도임을 깨달을 수 있다.

마리아는 천사 가브리엘로부터 아기를 가질 것이라는 말을 들었을 때 다음과 같이 순복하였다.

"주의 여종이오니 말씀대로 내게 이루어지이다"(눅 1:38).

여기서 우리는 주의 뜻대로 하겠다는 신앙의 자세가 응답 받은 기도의 기본적 자세임을 알 수 있다. 하나님께서는 정직히 행하고 당신의 뜻을 실천하기 위해 애쓰는 사람들의 간구에 귀를 기울이신다. 하나님은 당신의 뜻을 생각하지 않는 사람에게 기도의 응답이나 능력이 주시지 않는다. '진주를 돼지에게 던지는 것'이 합당하지 않기 때문이다(마 7:6).

하나님은 어느 한 사람만을 편애하시지 않는다. 하나님은 바른 기도의 자세와 태도를 가진 사람을 사랑하신다. 하나님은 죄인을 멀리하시고, 의인을 가까이 하신다. 하나님은 불의한 자의 간사스런 입술을 외면하시고, 의로운 사람의 기도에는 귀를 기울이신다.

그러므로 기도의 응답을 받기를 원한다면 먼저 하나님의 뜻대로 간구하여야 한다. 만약 하나님이 자기의 기도에 귀를 기울이지 않는다고 생각된다면, 먼저 자신이 하나님의 뜻대로 살고 있는가를 반성해 보아야 한다.

한편 회개하는 기도가 하나님의 응답을 받는다. 오늘 우리 사회에 불의가 가득하고 불평등하며 한숨과 통곡이 가득한 이유는 사람들의 죄 때문이다.

죄는 점점 더 커지고, 사람들 속에 더 깊이 뿌리를 내려간다. 사람은 죄성을 가지고 태어나기 때문에 사람의 힘으로는 불평등과 불의로 가득한 사회를 완전히 깨끗하게 할 수 없다. 죄와 허물로 인해 사람들 사이에는 크고 작은 담이 쌓이게 되고, 계층이 생겨나며 불화와 갈등이 끊이지 아니한다.

그러나 가장 심각한 문제는 죄로 인해 생기는 하나님과 인간 사이의 담이다. 본래 에덴 동산에서는 하나님과 인간 사이에 격의가 없었다. 그런데 아담의 불순종으로 인한 범죄 때문에 하나님과 사람 사이에 엄청난 틈이 생겼다.

사람은 이 틈을 좁힐 능력이 부족하다. 사람은 하나님께로 접근해 갈 수 있는 길을 얻을만한 능력이 부족하다. 피조물로서 창조주인 하나님께 의존하지 않는 사람들은 하나님께 접근하거나 소통하는 방법이 막혀 있었다.

이에 하나님은 사람에게 당신을 만날 수 있는 유일한 길을 제시하셨다. 그 길은 바로 예수 그리스도이다. 예수 그리스도는 십자가에 달리심으로 스스로 하나님께 가는 유일한 길이 되셨다.

예수 그리스도를 믿는 사람에게 죄를 용서받는 방법이 제시되었다. 그러므로 누구든지 예수님의 이름으로 기도하며 자신의 죄를 회개하면 하나님이 그의 죄를 용서하신다.

하나님은 어떠한 죄인일지라도 회개하는 사람에게 용서의 은혜를 베푸신다. 성경에서는 죄를 회개할 때 용납하지 않고 외면하는 경우가 단 한 번도 없다. 하나님이 회개하는 기도를 들으시고, 죄를 용서하시고 모든 죄과를 벗겨 주신다. 하나님은 회개하는 사람의 죄책감을 없애시고, 깨끗하다고 인정하신다.

그러므로 기도의 응답을 받으려면 회개해야 한다. 더러워진 죄악을 회개하고, 추악한 정욕을 끊어버리고, 넘어지고 자빠지게 하는 시기, 질투, 미움 등을 벗어버리고, 오직 하나님의 영광을 위한 깨끗한 마음으로 기도에 응답 받을 준비를 하여야 한다.

바로 여기에 하나님께 기도의 응답을 받기 위한 비결이 있다. 하나님은 깨끗한 사람의 기도를 들으신다. 깨끗한 사람만이 기도에 응답을 받을만한 자격이 있기 때문이다. 깨끗하지 않은 사람은 하나님의 은혜와 능력을 잘못 사용한다. 하나님이 잘못 사용할 사람에게 결코 응답하시지 않는다.

기도에서 회개가 얼마나 중요한지를 보여 주는 사례가 있다.

누가복음 18장에 '바리새인의 기도와 세리의 기도'이다. 바리새인은 자기가 의를 힘입어 기도했고, 세리는 아무 간구도 못한 채 자기의 죄인됨을 고백했다. 예수님께서는 바리새인을 칭찬하시지 않고, 세리의 기도를 칭찬하셨다. 죄악을 품고 있으면 하나님이 그 기도를 들어 주시지 않는다. 그러므로 기도하는 사람이 먼저 죄를 회개하고 자신을 깨끗하게 하여야 한다.

예수님은 회개 기도의 중요성을 가르치셨다.

> "내가 너희에게 이르노니 이와 같이 죄인 한 사람이 회개하면 하늘에서는 회개할 것 없는 의인 아흔 아홉으로 말미암아 기뻐하는 것보다 더하리라"(눅 15:7).

사도 요한은 회개하는 기도를 들으시고 응답하시는 하나님을 '미쁘신' 하나님으로 묘사했다. 미쁘신 하나님이란 거짓이 없는 하나님, 식언치 않으시는 하나님이라는 의미이다.

> "만일 우리가 우리 죄를 자백하면 그는 미쁘시고 의로우사 우리 죄를 사하시며 우리를 모든 불의에서 깨끗하게 하실 것이요" (요일 1:9).

우리는 종종 자기의 오류나 잘못을 고집스레 부정하는 사람을 만나면 '그가 자기의 잘못을 인정한다면 얼마나 좋을까'라는 생각을 가진다. 이는 이해타산에서 생겨나는 바람이 아니라 옳은 것을 옳은 것으로 인정되고, 구부러진 것이 바로 펴지는 데 따른 기쁨을 얻기 위한 바람이다.

예수님은 하늘 나라에서 죄인이 자기의 죄를 자백하고 돌아왔을 때의 기쁨이 이와 같다고 말씀하셨다.

돌아온 탕자는 기대하고 바란 것보다 훨씬 더 많은 것으로 아버지께 받았다. 아들은 아버지가 자신을 종으로 받아 주는 것만으로도 만족하겠다고 했지만, 아버지는 아들을 진심으로 받아 주었다. 아들은 아버지가 자신의 주린 배만 채워 주어도 그것으로 족했지만, 아버지는 제일 좋은 옷을 입히고 가락지를 끼우고, 발에 신을 신긴 후 살진 송아지를 잡아 동네 잔치를 벌였다.

성도들이 죄를 회개할 때 하나님은 반드시 그 죄를 용서하신다. 하나님이 용서하시는 것을 좋아하신다. 하나님은 용서하고 싶으셔서 우리를 회개의 길로 부르신다. 하나님은 회개하는 모든 기도를 들으신다.

하나님은 회개하는 자의 간구하는 소리를 들어 주실 뿐만 아니라 그 이상의 것을 주신다. 회개하는 편에서는 감히 좋은 것을 구하지 못하지만 하나님께서는 회개를 기뻐하셔서 가장 좋은 것, 가장 값진 것을 허락해 주신다.

우리는 매순간 짓는 죄를 작게 생각하고 덮어버리려고 하지만 주님은 그 죄를 덮는 것만을 원하시지 않는다.

그러므로 작은 죄라도 솔직하게 고백하고 용서를 구해야 한다. 욥과 같이 부지중에 지은 죄까지라도 회개해야 한다. 왜냐하면 하나님께서는 회개하는 사람의 기도를 들으신 후에 비로소 그의 죄를 덮으시고 다시 기억하지 않으시기 때문이다.

> "또 그들의 죄와 그들의 불법을 내가 다시 기억하지 아니하리라 하셨으니" (히 10:17).

한편 믿음의 기도가 하나님의 응답을 받는다. 앞에서 응답이 되는 기도가 있고, 응답이 되지 않는 기도가 있음을 말했다. 응답이 되는 기도는 기도하는 사람이 바른 동기, 바른 자세에서 기도하는 경우이며, 응답이 없는 기도는 동기가 불순하거나 기도하는 태도와 자세에 문제가 있기 때문이다.

기도 응답에 필요한 것은 믿음이다.

> "그러므로 내가 너희에게 말하노니 무엇이든지 기도하고 구하는 것은 받은 줄로 믿으라 그리하면 너희에게 그대로 되리라"(막 11:24).

그렇다면 믿음이란 무엇인가? 믿음이란 하나님의 인격과 능력에 대한 신뢰를 말한다. 나는 할 수 없지만 하나님은 능히 하실 수 있다는 확신이다.

그러므로 믿음은 하나님을 매우 기쁘시게 하며, 하나님이 우리를 사랑하시고 움직이시는 조건이다. 노아와 아브라함, 이삭과 야곱, 요셉과 모세 그리고 여호수아가 믿었다. 한나가 믿었고, 바울이 믿었다.

얼마만큼 많이 기도하느냐는 것도 중요하다. 그러나 그보다 더 중요한 것은 얼마만큼 믿고 기도하느냐이다. 하나님께서는 기도하는 사람의 믿음을 보신다. 믿음의 기도는 사람이 할 수 없는 능력을 받는다.

> "믿음의 기도는 병든 자를 구원하리니 주께서 그를 일으키시리라 혹시 죄를 범하였을지라도 사하심을 받으리라 그러므로 너희 죄를 서로 고백하며 병이 낫기를 위하여 서로 기도하라 의인의 간구는 역사하는 힘이 큼이니라"(약 5:15-16).

믿음이 없는 기도는 중언부언하며 기도의 깊이가 없다. 이런 기도는 기도 시간을 많이 가져도 헛된 공상과 잡념으로 가득하다. 아무리 고상하고 중요한 것을 구하더라도 그것이 응답되리라는 확신이 없을 때 그 기도는 공허한 것이다.

그러나 구한 것이 반드시 응답되리라는 확신이 있을 때 그 기도는 힘이 있다. 위로와 평안과 기쁨이 가득하고, 생활에 활력이 넘치게 된다. 히브리서 기자는 믿음과 기도의 관계를 다음과 같이 말한다.

> "믿음이 없이는 하나님을 기쁘시게 하지 못하나니 하나님께 나아가는 자는 반드시 그가 계신 것과 또한 그가 자기를 찾는 자들에게 상 주시는 이심을 믿어야 할지니라"(히 11:6).

하나님은 사람의 성과보다, 많은 시간을 드리는 것보다 더 중요한 것을 보신다. 그것은 바로 하나님을 신뢰하는 믿음이다.

그렇다면 기도의 응답을 받지 못하는 가장 큰 이유는 무엇인가? 그것은 우리가 하나님을 믿지 못하고 있기 때문이다. 믿음 대신 걱정 근심이 더 많기 때문이다. 걱정과 근심을 덜기 위해 하나님께 기도해야 한다.

그런데 걱정과 근심이 믿음의 방해 요소가 될 수 있다. 그래서 하나님께 구하지 않는다. 그러나 구하지 않으면 얻을 수 없다. 그러나 구하는 것도 걱정과 근심만을 덜기 위해 기도하는 것이 하나님의 뜻에 맞지 않는다면 하나님이 들으시지 않는다.

이에 대하여 야고보서에서는 이렇게 말한다.

> "너희가 얻지 못함은 구하지 아니하기 때문이요 구하여도 받지 못함은 정욕으로 쓰려고 잘못 구하기 때문이라"(약 4:2-3).

우리는 어려운 일이나 환난과 핍박을 당할 때 인위적인 방법으로 해결하고자 해서는 안 된다. 세상적인 방법으로 해결하려고 해서도 안 된다. 안 된다고 낙심해서도 안 된다. 하나님께 엎드려 구체적으로 아뢰어야 한다.

기도는 이론이 아니라 실천이다. 기도는 사색이 아니라 생활이다. 기도의 응답을 받으려면 구하되 하나님의 뜻대로 구해야 한다. 자신을 믿고서 교만해서도 안 된다. 세상을 믿고서 자만해서도 안 된다. 보이는 것만을 믿고서 거만해서도 안 된다. 오직 우주의 주관자이신 하나님, 나의 삶을 다스리시는 하나님을 믿고 그분에게 구하여야 한다. 그리고 믿음으로 구하고, 믿음으로 찾으며, 믿음으로 기다려야 한다. 구한 것은 받은 줄로 믿어야 한다.

이렇게 기도하는 사람을 하나님이 사랑하시며 응답하실 것이다.

> "너희는 먼저 그의 나라와 그의 의를 구하라 그리하면 이 모든 것을 너희에게 더하시리라" (마 6:33).

기도의 응답은 어떻게 오는가?

기도하는 사람들이면 누구나 가지는 질문이 있다. 그것은 "기도의 응답은 어떻게 오느냐?"는 것이다. 응답 받을만한 조건을 갖춘 기도라도 모두 즉각적으로 응답되지 않는다. 또 사람의 생각하는 바대로 응답되지도 않는다.

하나님의 응답이라는 확신을 가지지 못한 사람도 있다. 어떤 사람은 하나님의 응답을 받고도 의심하여 불안하고 초조하게 지내는가 하면 어떤 사람은 응답을 받지 못하고 받은 것처럼 스스로 속기도 한다.

성경은 기도할 때 어떻게 응답이 주어졌는가를 응답 받은 사람들을 통해 가르쳐 준다. 응답되는 기도에도 즉각적으로 나타나는 것과 점차적으로 나타나는 것이 있으며, 간접적으로 나타나는 것과 침묵으로 나타나는 경우가 있다.

다비다를 살린 베드로의 기도는 즉각적으로 응답되는 기도였다. 베드로가 무릎을 꿇고 기도하며 시신을 향하여 "다비다야 일어나라"고 명할 때 죽은 다비다가 눈을 뜨고 일어나 앉았다. 즉각적으로 응답되어야 한다면 하나님은 즉시 응답하신다.

예수님의 지상 사역 중에는 즉각적으로 응답되는 기도가 많았으며, 오늘날의 경우 치유를 위한 기도에서 나타난다. 병자를 위해 기도할 때 병자들 중에 즉시 회복되는 것을 볼 수 있다.

때로는 기도가 점진적으로 응답되는 경우도 있다. 왜 그러한가? 이유는 간단하다. 기도자로 하여금 인내를 배우게 하기 위함이다. 하나님께서는 인내하는 기도자의 모습을 보신다.

그러므로 기도하는 사람은 선을 행하되 낙심치 말고 지속적으로 행하며, 포기하지 않고 기도에 힘씀으로 응답이라는 결실을 거두어야 한다(갈 6:9).

한편 기도 응답의 방법으로 간접적으로 오는 기도의 응답과 침묵으로 나타나는 응답의 기도가 있다. 간접적인 응답은 기도하는 당사자를 통하여 응답되지 않고 주변의 관계를 통해서나 환경과 여건을 변화시킴으로 기도가 이루어지게 하는 것이다. 그런데 침묵의 형태로 찾아오는 응답도 있다. 하나님의 침묵이 기도 응답의 한 방법인지를 확인하는 것은 어렵다.

하박국 선지자가 하나님께 이렇게 부르짖는다.

"**여호와여 내가 부르짖어도 주께서 듣지 아니하시니 어느 때까지리이까 내가 강포로 말미암아 외쳐도 주께서 구원하지 아니하시나이다**" (합 1:2).

이는 사악하며 잔인하고 타락한 유대 왕 여호야김의 통치를 어찌하여 하나님이 징계치 않으시냐는 선지자의 불평이다. 그러나 하나님이 결국 이 왕을 버리시고, 나라를 이방에 넘김으로써 끝내 침묵하지 않으셨다. 그러므로 침묵으로 응답되는 기도란 결국 시간이 지나면 이루어지는 점진적 기도 응답이라고 말할 수 있다.

그렇다면 기도할 때 오는 응답은 무엇인가? 기도의 응답은 어떻게 오는가? 먼저 성경은 기도할 때 오는 응답으로 불의 체험을 말한다. 솔로몬이 기도할 때 하나님께서는 불로 응답을 주셨다(대하 7:1). 엘리야가 기도할 때도 하나님께서는 불로 응답하셨다(왕상 18:38). 초대 교회 성도들이 기도할 때도 하나님께서는 불로 응답하셨다(행 2:3).

기도할 때 사람의 가슴과 온 몸이 뜨거워 스스로 불덩이처럼 느낄 수 있다. 대개 이런 체험은 사명을 놓고 기도하거나 큰 시련을 놓고 기도할 때, 혹은 질병 중에 부르짖을 때 체험된다.

또한 성경은 기도 응답으로 기도하는 사람에게 깨달음을 주신다고 말한다. 어려움을 당할 때 기도하면 어려움이 오는 이유가 무엇인지 깨닫게 된다. 즉, 어려움을 통해 하나님이 원하시는 것이 무엇인지를 기도하는 사람에게 깨닫게 하는 것이다.

기도하는 사람에게 하나님께서는 어려움과 일의 관계에서 사람이 취할 태도와 자세가 무엇인지, 하나님이 무엇을 이루기 원하시는지를 깨닫게 하시고, 어려움을 해결하려면 어떻게 하여야 하는가를 깨닫게 해 주시는 것이다. 이같은 방법으로 기도하는 중에 말씀을 읽고 들으며 깨닫기도 하고, 여러 가지 환경과 섭리를 생각함으로 깨닫게 해주시는 경우도 있다.

한편 기도할 때 오는 응답으로 하나님이 평안을 주시는 경우가 있다. 어려운 문제를 당하여 어찌할 바를 모를 때, 엄청난 문제가 닥쳐 좌절할 수밖에 없을 때 하나님이 기도하는 사람과 함께 하시며, 인도해 주신다는 확신을 주심으로 기도하는 사람을 평안하게 하신다.
다윗은 다음과 같이 노래한다.

"내가 누워 자고 깨었으니 여호와께서 나를 붙드심이로다"
(시 3:5).

기도할 때 오는 응답으로 믿음을 주시기도 한다. 눈에는 아무 증거 아니 보이고, 손에는 아무 증거가 잡히지 않을지라도 왠지 모르게 기도하면 된다는 확신과 믿음이 생기는 경우가 있다.
그럴 때 믿고 기도하며 행하면 홍해가 갈라지는 기적과도 같은 신비하고 놀라운 체험, 반석이 갈라지며, 요단강이 갈라지는 것과도 같은 불가사의한 일을 체험한다. 마치 원수에게 쫓기던 다윗이 두렵지 아니하듯이 하나님이 믿음을 가지도록 응답하신다.

"천만인이 나를 에워싸 진 친다 하여도 나는 두려워 아니하리이다" (시 3:6).

기도할 때 오는 응답으로 하나님이 찬양하게 하는 마음을 주신다. 기도할 때 감사가 나오고 자기도 모르게 자꾸만 찬양이 나오면 그것은 이미 하나님이 기도를 들으시고 응답을 주셨다는 증거이다. 찬양은 기도 응답의 가장 확실한 내적 증거이다. 찬송이 나올 때까지 엎드려 기도하는 사람은 무슨 일을 만나든지 형통하는 축복을 받는다. 다윗이 찬양할 때 사울에게 부린 악령이 물러갔다(삼상 16:23). 바울이 찬양할 때 옥문이 열리고 매였던 쇠사슬이 끊어졌다(행 16:19). 여호사밧 임금이 성가대를 앞세워 찬양하고 나갈 때 적군이 물러갔다(대하 20:20-23). 이처럼 찬양할 때 하늘이 열리고, 마음 문이 열리고, 기도의 문이 열리고, 감사의 문이 열린다.

기도할 때 오는 응답으로 언약의 말씀이 생각나기도 한다. 기도할 때 하나님이 성경에 기록된 언약의 말씀이 생각나게 하신다. 기록된 역사의 사건을 통하여 권면하시고 책망하시고, 위로하시고 소망을 주신다.

이처럼 기도하는 중에 하나님께서 주시는 응답은 불로써 응답을 주시는 경우도 있고, 깨달음과 평안으로, 믿음과 찬양으로, 언약의 말씀이 생각나게 하심으로써 응답을 주시는 경우가 있다.

성경은 기도한 후에 오는 응답에 대해서도 증거한다. 기도할 때 응답을 받기도 하고, 기도 후에 응답을 받을 수 있다.

그렇다면 기도 후에 응답을 받는 것으로 어떤 것들이 있는가?

기도한 후에 오는 응답으로 방언 통역을 주시는 경우가 있다. 성령의 역사로 갑자기 방언을 하는데 방언에 대하여 통역을 허락하시는 것이다. 통역의 내용으로는 책망의 말씀으로 응답 주시는 경우가 있고, 위로하시며 주시는 경우가 있으며, 언약을 통해 주시는 경우가 있다.

환상을 보게 하시는 경우도 있다. 마치 베드로가 환상으로 장차 고넬

료 집에 가서 이루어질 사건을 알게 된 경우처럼 환상을 통하여 장래 되어질 일을 가르쳐 주시는 경우이다. 다만 환상을 볼 때 조심할 것은 성급한 해석을 하려 하지 말고, 기도하는 가운데 하나님 아버지의 응답을 기다려야 한다.

꿈을 꾸게 하시는 경우도 있다. 기도에 집중하고 있어도 아무 응답이 없다가 피곤하여 잠깐 잠든 사이에 응답을 받는 경우이다. 하나님은 솔로몬이 일천 번제를 드리고 난 뒤에 꿈을 통하여 응답을 주셨고(왕상 3:5), 다니엘이 꿈으로 응답을 받았고(단 7:1-8), 요셉도 꿈으로 응답을 받았다(마 2:13-19).

기도 후에 오는 응답으로 하나님의 섭리가 이루어진다. 전혀 응답이 없는 것 같아도 시간이 지나며 하나님의 섭리대로 되어지는 경우 그 섭리가 곧 하나님의 응답임을 알 수 있다. 그러므로 기도한 후 오랫동안 되어지는 일들을 보며 하나님의 섭리를 기억하고 기도하는 마음으로 응답을 기다리거나 찾아야 한다.

이제 우리는 기도에 대해 전향적으로 생각해야 한다.
기도란 무엇인가? 기도라는 것은 하나님과의 영적인 대화이다. 사랑하는 사람과의 관계에 있어서 가장 중요한 것은 '대화'이다. 마찬가지로 하나님과 우리의 사이는 사랑의 사이이기 때문에 항상 영적인 대화가 필요하다.

기도는 그리스도인에게 있어 호흡이다. 7분 동안만 호흡을 안 하면 우리의 뇌는 썩고 만다고 의학자들이 주장한다. 연탄가스에 중독된다든지 중환자가 되면 호흡을 잘 못한다. 그런 사람들에게는 산소마스크를 씌워 뇌가 썩지 않도록 한다. 그런데 놀라운 것은 7분이 아니라, 7시간 혹은 7일동안 한마디의 기도도 안 하면서도 잘사는 사람들이 있다. 그런 사람들 때문에 기도의 중요성이 퇴색되고 있다.

그러므로 이제 우리는 기도의 중요성을 깨닫고 기도의 방법을 배워야 한다. 기도의 자세, 기도의 방법, 기도의 마음, 그리고 기도의 말 등을 자세하게 배워야 한다.

예수님께서는 이같은 기도의 방법과 자세에 대하여 "너희는 이렇게 기도하라!"고 말씀하심으로 기도의 모범을 제시해 주셨다.

예수님께서 "너희는 이렇게 기도하라!"고 기도의 모범을 가르쳐 주신 것은 우리에게 큰 축복이며 은총이다. 이는 하나님이 우리를 향하여 기도할 수 있는 자격을 인정하심이며, 기도하라 하심은 곧 응답에 대한 약속을 주신 것이다.

무엇보다도 주님의 명령이라는 사실에 주목해야 한다. 약속도 있고, 능력도 있고, 지혜도 있다. 기도한 다음에 응답과 은혜와 복이 주어진다. 이것이 하나님의 섭리이며 뜻이다. 하나님은 기도하는 자세 기도하는 관계 안에서 우리와 말씀하시며 복 주시기를 기뻐하신다.

기도는 하나님을 기쁘시게 하며 영화롭게 하는 것이다. 아쉬운 일이나 답답한 사정이 있어서만 기도하는 자는 결코 하나님을 기쁘시게 못한다. 기도 자체가 하나님을 영화롭게 하는 일이므로 기도를 생활화하여야 한다. 사무엘처럼 기도를 쉬는 것이 죄라고 생각하고(삼상 12:23), 쉬지 말고 기도해야 한다(살전 5:17).

우리는 어떻게 기도해야 할까? 당연히 예수님처럼 기도해야 한다. 그러므로 우리는 예수님이 가르치신 기도를 더 자세히 배워야 한다.

    다음 장에서는 예수님께서 가르쳐 주신 '주기도'를 통하여 기도의 대상과 방법 그리고 기도의 내용에 대하여 살펴볼 것이다.

너희는 이렇게 기도하라!

PART **THREE**

하늘에 계신 우리 아버지여
이름이 거룩히 여김을 받으시오며
나라이 임하옵시며
뜻이 하늘에서 이룬 것 같이
땅에서도 이루어지이다
오늘날 우리에게 일용할 양식을 주옵시고
우리가 우리에게 죄 지은 자를 사하여 준 것 같이
우리 죄를 사하여 주옵시고
우리를 시험에 들게 하지 마옵시고
다만 악에서 구하옵소서
대개 나라와 권세와 영광이
아버지께 영원히 있사옵나이다 아멘.

너희는 이렇게 기도하라!

기도의 대상 / 하늘에 계신 우리 아버지께 기도하라!

예수님은 기도하시면서 서두에서 하나님 아버지를 부른다. 주기도의 서두는 다음에 이어지는 모든 기도의 전제가 된다. 이는 기도의 모든 내용이 하나님 아버지가 들으셔야 하며, 하나님 아버지의 권세 아래 있다는 의미이다. 그리고 기도를 응답하시고 이루시는 분이 오직 하나님이 아버지라는 믿음을 표현한다.

먼저 "하늘에 계신 우리 아버지여"는 하나님의 편재성, 지존성, 거룩성 그리고 영원성과 전능성을 상징하는 유대적 표현 방법(왕상 18:36; 대하 2:1; 느 2:20)으로서 우리의 기도를 들으시는 하나님의 능력과 속성에 대한 증거이다.

또한 "하늘에 계신 우리 아버지여"는 기도자가 하나님의 자녀 된 자격을 의미하는 것으로 주님께서 기도할 때 동일한 표현을 사용하셨듯이 (마 11:25; 요 17:11, 25), 성도들이 다른 사람이나 사물을 중재자로 내세우지 않고 하나님께 직접 간구할 수 있음을 말해 준다.

여기서 '우리' 아버지라는 복수적 명칭은 모든 사람의 형제 됨과 성도의 공동체성을 드러낸다(말 2:10; 행 17:28; 갈 4:6; 엡 1:5). 이는 기도의 대상이 되시는 분이 누구인가를 분명하게 제시하며, 기도의 대상인 하나님과 기도를 드리는 성도와의 관계를 명확히 보여 주고 있는 것이다.

우리의 모든 기도는 하나님의 이름과 하나님의 완전함을 고백함으로 시작해야 한다. 은혜의 보좌에 가까이 다가갈 때 우리는 하나님의 최고 주권과 권능에 대한 적절한 두려움을, 그러면서도 아버지로서의 선하심과 친근함에 대한 거룩한 확신을 동시에 가져야 한다.

하늘에 계신 하나님!

예수님께서는 기도를 할 때 먼저 '하늘에 계신 하나님'께 드려야 함을 가르치셨다. '하늘에 계신 하나님'은 하나님의 '초월성'을 강조하는 표현이다. 우리 기도의 대상이신 하나님은 사람의 이성을 초월한 성품과 능력을 지니고 계신다. 사람은 초월자 하나님을 경배하고 그분께 순종해야 한다. 그러므로 기도에는 하나님을 향한 경배와 순종의 요소가 포함된다.

이스라엘 사람들의 하늘에 대한 개념은 헬라적인 사고방식과 전혀 달랐다. 히브리적 개념의 하늘은 결코 천문학적으로나 물리학적인 하늘이 아니다. 우리가 쳐다보는 푸른 하늘이 아니었다.

히브리적 개념의 하늘은 먼저 하나님이 계신 곳을 뜻한다. 위냐 아래냐의 공간적 개념이거나 피조물의 세계가 아닌, 창조주 하나님이 계신 곳을 의미하는 질적·차원적 차이가 있는 용어이다.

마태복음에는 34회나 '하늘 나라'라는 용어를 사용하는데 그 하늘이란 결코 공간적 하늘(sky)을 지칭한 것이 아니고 하나님이 계신 곳, 하나님이 다스리시는 곳(Kingdom)을 가리키는 말이다.

하늘은 하나님의 차원 즉 땅에 속한 세계와는 다른 하나님의 세계에 속한 영역을 가리키는 용어이다. 하늘은 하나님의 초월성을 믿는 이스라엘 사람들의 신앙적 표현이다.

헬라와 로마 신화에는 신은 언제나 땅에 속하였고 인간과 섞여서 함께 사는 것으로 이해되었다. 그러나 히브리 신앙에서 하나님은 초월해 계시며 인간과는 전혀 별도로 높이 존재한다고 믿었다. 우리에게 그 하나님이 계시하시며 동시에 인간 역사 안에 친히 간섭하시는 분이시다.

하나님의 초월성은 사람을 겸손하게 만든다. 우리는 모르나 하나님은 아시며, 내게는 불가능한 것이 하나님께는 가능하며, 우리는 시·공간의 제한을 받는 유한한 존재이지만 하나님은 영원하시다. 그러므로 하나님은 우리의 기도의 대상이 되신다.

하나님은 하늘에 계신다. 그리고 하나님은 믿음을 가진 우리를 하늘 하나님의 자리에 거하게 하실 것이다. 우리는 그 하나님 아버지께 기도한다. 모든 것을 가능하게 하시는 하나님이 기도하는 우리를 영광의 자리에 거하게 하실 것이다.

우리는 하늘에 계신 하나님께 기도할 때 어떤 의식과 자세를 가지고 기도해야 할까? '하늘에 계신 하나님'은 언제나 하나님이 '모든 것의 유일하신 주인'이라는 개념을 지니고 있다. 즉, 하나님은 모든 것의 주인이 되시며, 모든 것보다 우월하신 분이시며, 모든 것을 하실 수 있는 분이시다.

따라서 우리는 기도할 때 하나님께 겸손한 마음, 순종과 경외하는 자세로, 그리고 오직 하나님만이 기도에 응답하시는 분임을 알고 신뢰하는 마음으로 기도해야 한다.

주인이 종에게 명령할 때 겸손한 자세를 취하지 않는다. 반면 종은 주인의 말을 듣는지, 주인에게 아뢰든지 겸손한 자세를 취한다. 우리 기도의 대상이 우리의 주인이신 하나님이시므로 우리의 기도는 반드시 겸손의 자세여야 한다.

기도는 순종의 자세로 드려야 한다. 모든 것의 주인 되신 분께 드리는 기도이므로 주인의 뜻에 순종하려는 목적을 가져야 한다. 주인을 설득시키고 내 뜻을 관철시키려는 자세는 올바른 기도가 아니다(눅 17:7-10).

예수님께서도 "내 원대로 마옵시고 하나님의 뜻대로 되기를 원하나이다"라고 기도하셨다. 어떤 동기로 시작된 기도이든지 기도의 과정 중에서나 기도를 마칠 때 "말씀대로 내게 이루어지이다"(눅 1:38)라는 순복이 있어야 한다.

성경이 하나님을 하늘에 계시는 분으로 증거하는 목적은 모든 만물이 하나님을 창조주와 섭리주로 경배해야 함을 강조하려는 데 있다. 예수님께서도 하늘은 '하나님의 보좌'(마 5:34)를 의미하는 것으로 교훈하셨다.

기도는 이처럼 지엄무상하신 '만물의 통치자'와의 대화이다. 그러므로 두렵고 떨리는 마음으로 기도드려야 한다. 예수님께서는 자만과 교만심으로 자신을 자랑하려는 식의 기도는 존엄하신 하나님께 상달될 수 없다고 하셨다.

한편 성경은 하늘에 계신 하나님을 말씀할 때 사람에게 필요한 것을 주시는 하나님이심을 강조한다. 하늘에는 '창문'(창 7:11)이 있어 거기서 땅에 해와 비를 내리고(마 5:45), 하늘에서 '만나'(출 16:4)가 내려왔으며 사람들에게 필요한 도움도 하늘에서 내려왔다(신 33:13). 필요한 모든 것이 하늘로부터 선물로 주어지는 것이며(약 1:17), 세상 만물의 생명과 양식도 하늘에서 주시는 것으로 증거하고(약 5:18), 영생과 영벌도 하늘로부터 내려오는 것으로 증거한다(살전 1:10).

욥기를 보면 사람이 이 땅에서 겪는 모든 일의 근원은 바로 하늘에서 하나님과 천사들의 결정에 의해 되어지는 일임을 알 수 있다(욥 1-2장). 그러므로 하늘에 계신 하나님께 기도하라는 것은 우리를 위하여 무엇이든지 능히 행하실 수 있는 권세를 지니신 분께 믿음으로 기도하라는 명령이다. 예수님 역시 땅에 계실 때에는 '믿음'으로 기도하셨다(히 5:7, 9).

하나님은 무엇이든 구하면 들어 주실 수 있다는 믿음을 가져야 한다는 것은 기도의 가장 기본적인 자세이지만 동시에 제대로 지켜지지 않는 자세이다.

따라서 우리는 이러한 주님의 가르침을 대하면서 준비 없이 대표 기도에 임하는 일은 없는지, 전혀 들어 주시리라는 믿음 없이 기도하는 일은 없는지 자신을 살펴보아야 한다.

우리의 아버지

'우리 아버지'라는 표현 속에는 하나님의 보편적인 내재성과 편재성에 대한 진리가 담겨 있다. 즉, 하나님께서는 '하늘 세계'에만 머물러 계시며 하늘만 다스리시는 분이 아니라, 바로 '우리 인생의 세계'와 '우리의 문제'까지도 지극한 관심을 가지고 해결해 주시고자 하신다.

이처럼 하나님께서 우리의 하나님이 되심은 '기도의 근거'이며 동시에 '기도의 의미'를 주는 것이다.

모세는 이스라엘 백성들에게 다음과 같이 외쳤다.

> "우리 하나님 여호와께서 우리가 그에게 기도할 때마다 우리에게 가까이 하심과 같이 그 신(神)이 가까이 함을 얻은 큰 나라가 어디 있느냐"(신 4:7).

하나님께서는 하늘에 계시는 초월적이며 거룩하신 분이시다. '우리'라는 사람의 세계에 참여하기를 기뻐하시는 분이며, 또한 사람을 사랑하시는 분이시다. 또 '우리 하나님'은 하나님을 나와 우리 곧, 공동체의 하나님으로 인정하고 공동체와 함께 하나님을 공경하는 성도들의 기도를 들으신다.

하나님은 초월적이고 거룩하시며 동시에 이 땅의 문제에도 깊이 관여하시며 다스리기를 기뻐하신다. '우리 하나님'이심을 믿을 때 우리의 기도를 하나님께서 들으실 것으로 보다 확실하게 믿게 될 것이다.

'어거스틴'은 말한다.

> "하나님께서는 나 하나만을 사랑하시는 것처럼 우리의 모든 이웃도 사랑하신다"

　어리석은 사람들은 '하나님께서 나만 미워하신다'라는 생각과, 반대로 '하나님께서는 특별히 나만을 사랑하신다'고 생각한다. 하나님은 '나'의 하나님이시며 '우리'의 하나님도 되신다.
　그리스도인은 하나님을 아버지로, 이웃을 형제로, 자기를 하나님의 사랑 받는 자녀로 믿고 그 안에서 주를 찬양하며 감사하는 사람이다. 하나님을 아버지라고 함께 고백할 때, 같은 고백을 한 두 사람은 믿음 안에서 한 형제가 되는 것이다.

　이 땅에는 인종 차별, 신분상의 차별이 있어도 하나님께는 차별이 없다. 사람은 자기를 사랑하는 사람만을 사랑하고 자기와 가까운 사람에게만 관심을 두지만 예수님에게는 그러한 편파성이 없다. 자기 생각만을 일방적으로 아뢰며 자기가 잘 되기 위해 다른 사람이 안 되기를 기도하는 사람도 있다.
　이런 행위는 하나님을 자신의 편파성 안에 묶어 두려는 시도이며 하나님에 대한 모독 행위이다. 하나님을 자기편으로 묶어 두려는 모든 시도는 하나님께 용납되지 않는다. 우리는 하나님의 속성에 따라 우리의 왜곡된 편견을 버려야 한다.

　예수님 당시에 바리새인들이 그랬다. 우리 역시 때때로 바리새인들처럼 나와 같은 취향, 사상, 목표를 지닌 사람들만을 '우리의 이웃'으로 여기고 그들만을 위해 축복을 내려 달라고 기도하는 경우가 많다.
　그러나 성경은 우리의 동료뿐만 아니라 대적자들, 이방인들도 생각과 사상이 다르고 신분이 다른 사람들도 하나님의 은총이 임하시도록 기도해야 할 것을 명령하셨다.

> "이같이 한즉 하늘에 계신 너희 아버지의 아들이 되리니 이는 하나님이 그 해를 악인과 선인에게 비추시며 비를 의로운 자와 불의한 자에게 내려주심이라" (마 5:45).

이처럼 하나님은 '우리' 하나님이시며, 하나님은 전 인류를 동일하게 사랑하신다. 그러므로 성도들에게는 형제 사랑의 의무가 있다.

예수님은 형제를 사랑하는 것으로 예수님의 제자가 된 것을 확증할 수 있다고 하셨다.

> "너희가 서로 사랑하면 이로써 모든 사람이 너희가 내 제자인 줄 알리라" (요 13:35).

심지어 원수까지도 사랑하라고 하셨다.

> "나는 너희에게 이르노니 너희 원수를 사랑하며 너희를 박해하는 자를 위하여 기도하라" (마 5:44).

예수님은 십자가 위에서 원수들을 용서하는 사랑의 기도를 드리셨다 (눅 23:34). 예수님은 기도를 하면서 원수 된 사람과의 원한 관계를 훌훌 털어버리지 않고는 하나님이 그 기도를 듣지 않으실 것이라고 가르치셨다 (마 5:23-24).

이에 사도 요한은 단적으로 말했다.

> "그 형제를 사랑하지 아니하는 자는 하나님께 속하지 아니하니라"(요일 3:10).

우리가 기도할 때 나의 문제만을 위하여 기도하는 것은 미신을 믿는 자들의 주문 수준으로 기도를 전락시키는 것이다. '존 번연'은 흉악한 강도가 사형 집행 장소로 끌려가는 것을 보고는 "저기 존 번연이가 간다"며 슬피 울었다고 한다.

그러므로 이제 우리는 하나님을 우리 아버지로 믿고 이웃이 형제라는 생각으로 이웃까지도 생각하는 기도를 드려야 한다. 이웃을 위해 기도할 때 비로소 기도가 한 단계 더 상승하며, 기도의 참맛을 느끼게 될 것이다.

아버지이신 하나님

예수님께서 하나님을 '아버지'라고 부르며 기도하라고 가르치셨다. 하나님이 우리의 아버지라는 사실은 성품에 대해 올바르게 아는 것이 열쇠이다. 우리가 이 사실을 믿는 것이 하나님께 기쁨이며 우리에게는 놀라운 축복이다. 사람은 죄로 인해 하나님 아버지와 원수가 되었다. 그렇지만 아들이신 예수님께서 친히 육신을 입고 이 땅에 오심으로 우리와 화목을 이루셨다.

이것이 바로 하나님이 아버지로서 우리를 향해 행하신 일이다. 아버지라는 것은 일종의 은유적 단어이다. 따라서 이 단어는 내포한 의미를 가지고 있다.

그렇다면 아버지라는 단어가 우리에게 주는 교훈이 무엇인가? 아버지의 사랑은 자식의 사랑보다 필연적으로 앞서간다. 자식이 아버지를 알고 사랑할 수 있기 이전부터 아버지는 자식을 알고 사랑한다. 이처럼 하나님도 우리가 죄인 되었고 하나님을 알지도 못했는데도 하나님이 먼저 우리를 알고 사랑하셨다.

육신의 아버지는 자녀를 양육한다. 이와 마찬가지로 영존하시는 하나님 아버지는 자녀의 영생을 염두에 두고 훈련시키신다. 훈련 과정에서 사람은 잠시 받는 고통과 고난의 어려움만 보고 불평하며 하나님을 원망하지만, 하나님 아버지는 영생이라는 목적을 가지고 사람을 연단시키신다. 연단 과정에서 믿음의 사람은 영생을 허락하시는 하나님 아버지의 사랑을 이해해야 한다.

하나님 아버지의 사랑은 세심하다. 하나님은 당신의 자녀가 된 사람들의 일생에 일어나는 크고 작은 모든 일에 일일이 간섭하신다. 또한 하나님 아버지의 사랑은 끝이 없다. 자식인 우리를 향해 무한한 사랑을 가지고 계시며, 끝까지 사랑하신다. 세상의 무엇이라도 하나님의 사랑으로부터 우리를 단절시킬 수 없다.

> "내가 확신하노니 사망이나 생명이나 천사들이나 권세자들이나 현재 일이나 장래 일이나 능력이나 높음이나 깊음이나 다른 어떤 피조물이라도 우리를 우리 주 그리스도 예수 안에 있는 하나님의 사랑에서 끊을 수 없으리라" (롬 8:38-39).

예수님께서 가르쳐 주신 '주기도'는 우리에게 하나님 아버지임을 일깨워 주며 동시에 그 하나님을 우리의 아버지로 고백하고 아버지의 자녀로서 아버지께 합당한 기도를 촉구하는 것이다. 성경은 다음과 같이 증거한다.

> "그러므로 염려하여 이르기를 무엇을 먹을까 무엇을 마실까 무엇을 입을까 하지 말라…너희 하늘 아버지께서 이 모든 것이 너희에게 있어야 할 줄을 아시느니라" (마 6:31-32).

> "구하라…그리하면 너희에게 열릴 것이니라" (마 7:7).

> "너희가 악한 자라도 좋은 것으로 자식에게 줄 줄을 알거든 하물며 하늘에 계신 너희 아버지께서 구하는 자에게 좋은 것으로 주시지 않겠느냐" (마 7:11).

이처럼 하나님은 사랑과 위엄과 능력을 가지신 우리의 아버지이시다. 우리들 전통에서는 보편적으로 어머니는 자애로운 모습을 보이지만 아버지는 위엄, 능력, 의를 가진 모습을 보인다. 그래서 아이들이 어머니를 얕보고, 어머니의 말씀을 잘 안 듣는 경우도 있다.

그러나 아버지는 사랑도 하지만 말을 안 들으면 위엄과 힘과 의로 다스리기 때문에 아이들이 아버지의 말씀을 두렵게 생각하고 잘 듣는다.

우리 하나님 아버지는 사랑과 공의를 가지신 분이다. 그리하여 우리를 지극히 사랑하시지만, 잘못하는 일에는 책망도 하고 징계도 주신다. 우리가 믿음 생활, 순종의 생활로 정의를 실현하며 선을 행할 때 사랑을 베푸시고, 또 우리가 잘못 가다가도 깨닫고 돌이켜서 회개하지 않으면 꾸짖고 징계를 내리시는 아버지이시다.

그러므로 우리가 사랑과 공의의 하나님 앞에서 사랑과 축복의 삶을 살려면 조심스러움과 두려운 마음을 동시에 가져야 한다. 신앙인이 먼저 사랑과 공의를 가지신 하나님께 순종하며 하나님의 축복을 받을 수 있는 사회를 가꾸는 책임이 있다. 신앙인은 하나님의 뜻을 이 땅에 펼치고 이루기 위해 살아간다.

아버지는 자녀를 위한 책임을 가지고 있다. 즉 자녀를 위해 의·식·주의 책임, 교육의 책임, 보호의 책임, 성인이 되기까지의 책임을 가졌다.

이와 같이 하나님은 우리의 아버지로서 우리의 배후에서 섭리하시고 우리를 뒤에서 돌보아 주신다. 하나님은 우리의 쓸 것을 미리 아시고 준비하시며 보호하신다. 특히 하나님은 우리 성도된 사람들의 모든 문제를 책임져 주신다.

하나님은 아브라함이 이삭을 모리아 산에서 제물로 드릴 때 수양을 예비하셨다가 대신 드리도록 하셨다. 아브라함은 하나님께 제사를 드리며 제단의 이름을 '여호와 이레'라고 지었다. 여호와 이레는 여호와께서 친히 준비하셨다는 뜻이다(창 22:14).

예수님께서도 말씀하셨다.

> "무엇을 먹을까 무엇을 마실까 무엇을 입을까 하지 말라…너희 하늘 아버지께서 이 모든 것이 너희에게 있어야 할 줄을 아시느니라 그런즉 너희는 먼저 그의 나라와 그의 의를 구하라"
> (마 6:31-34).

아들은 아버지에게 무엇이든 달라고 할 수 있는 권리를 가졌다. 아들이 아버지에게 밥을 달라고 할 때 돌을 줄 아버지가 없고, 생선을 달라고 할 때에 뱀을 줄 아버지가 없다. 비록 자식이 부족하고 못났어도 아버지는 더 좋은 것으로 주고 싶어 한다.

하나님 아버지는 자녀들에게 좋은 것으로 줄 준비를 하고 계시다. 그러므로 자녀 된 우리들이 하나님 아버지께 구하고·찾고·문을 두드린다면 하나님이 기도 이상으로 성취하도록 축복하신다(마 7:7-8).

우리는 기도할 때 자녀의 필요를 알고 계시며 주시기를 기뻐하시는 하나님을 아버지임을 믿고 간구해야 한다. 가룟 유다는 이 세상에서 가장 귀중한 보배이신 예수 그리스도를 알았음에도 그 보물을 의도적으로 포기함으로 하나님께 버림을 받았다.

믿음으로 기도하는 사람은 무조건 달라고 하기 이전에 하나님이 주신 것으로 무엇을 할 것인지를 아뢴다. 자녀들이 타당한 요구를 할 때 부모가 들어 주는 것과 마찬가지이다.

이런 사람이 하나님의 축복이 무엇인지를 분별할 수 있게 되고, 주신 축복을 하나님 뜻에 합당하게 사용할 수 있을 것이다.

이제 우리는 하나님께서 우리의 아버지가 되어 주시고, 또 기도하는 대로 넘치도록 주실 것을 믿어야 한다. 태초에 하나님께서 말씀으로 만물을 창조하시고 사람만은 하나님의 형상대로 지으신 것은(창 1:27) 사람과의 교제하기 위함이셨다. 그러나 이 교제는 인간의 범죄로 인해 깨어지고 말았다.

하나님은 당신의 독생자를 육신이 되게 하셔서 세상에 보내사(요 1:14), 하나님과 사람 사이의 교제를 회복시키셨다. 회복된 관계는 다시 깨어지지 않을 관계이다. 하나님이 아들을 믿는 우리를 자녀로 삼아 주셨다. 부자의 관계는 뗄 수 없는 관계이기 때문이다.

예수님께서는 십자가에 죽으심으로 '본래 진노의 자녀였던 자'들을 이제 하나님의 자녀가 되게 하셨다. 예수님께서는 부활하신 후에 막달라 마리아에게 '내 아버지 곧 너희 아버지'라고 말씀하셨다(요 20:17).

우리는 예수님의 이름으로 하나님을 아버지라 부를 수 있게 되었다. 예수님이 우리에게 하나님을 아버지로 부를 수 있도록 양자의 영을 주셨다. 이 얼마나 놀라운 은혜인가?

필자는 젊은 시절 어린 아들을 꾸짖은 적이 있었다. 아들이 실컷 혼나고도 '아빠'라고 부르며 안길 때 필자는 아들을 꼭 끌어안아 주었다. 그 때 필자는 하나님 아버지의 사랑이 바로 이런 것임을 깨달았다. 아버지는 책망하고 꾸짖어도 미움이 아니라 사랑하기 때문이며, 자녀는 꾸짖음을 듣고 눈물을 흘려도 아버지에게 안겨 아버지의 마음을 풀어준다.

하나님은 우리의 아바 아버지이시다. 예수님은 십자가를 앞에 두고 하나님을 아바 아버지라고 불렀다.

> "가라사대 아바 아버지여 아버지께는 모든 것이 가능하오니 이 잔을 내게서 옮기시옵소서 그러나 나의 원대로 마옵시고 아버지의 원대로 하옵소서 하시고"(막 14:36).*

우리도 하나님을 아바 아버지라 부를 수 있다. 성령께서 우리에게 그런 특권을 주시기 때문이다. 성령은 곧 양자의 영이시다.

> "너희는 다시 무서워하는 종의 영을 받지 아니하였고 양자의 영을 받았으므로 아바 아버지라 부르짖느니라"(롬 8:15).*

"너희가 아들인 고로 하나님이 그 아들의 영을 우리 마음 가운데 보내사 아바 아버지라 부르게 하셨느니라"(갈 4:6).*

주기도문의 서두는 우리의 기도의 대상으로서 하늘에 계신 우리 아버지를 소개하고 있다. 우리는 이 세 마디로 부르는 기도 중에서 우리의 기도의 대상을 분명히 하고 또 그 대상에 대한 우리의 기도의 자세가 분명히 할 수 있다.

"하늘에 계신 우리 아버지!"

이렇게 부르는 것은 상투적으로 되어서는 안 된다.
이같은 기도의 대상에 대한 고백은 기도의 자세와 내용과 또 기도하는 자의 존재까지도 함께 결정해 주고 있기 때문이다.
기도의 대상을 아버지라고 하였으니 기도하는 사람은 아버지의 자녀가 되며, 자녀된 자의 신분과 존재를 축복으로 받았다. 그러므로 기도는 의무이기보다는 특권이다.

하늘에 계신 우리 아버지여
이름이 거룩히 여김을 받으시오며
나라이 임하옵시며
뜻이 하늘에서 이룬 것 같이
땅에서도 이루어지이다
오늘날 우리에게 일용할 양식을 주옵시고
우리가 우리에게 죄 지은 자를 사하여 준 것 같이
우리 죄를 사하여 주옵시고
우리를 시험에 들게 하지 마옵시고
다만 악에서 구하옵소서
대개 나라와 권세와 영광이
아버지께 영원히 있사옵나이다 아멘.

너희는 이렇게 기도하라!

기도의 본질 Ⅰ / 하나님의 거룩한 이름을 찬양하라!

우리는 앞에서 기도의 대상이 누구인지를 분명히 알았다. 기도할 때 가장 중요한 것은 내가 누구에게 기도하고 있느냐는 것이다. 바른 기도는 기도의 대상이신 하나님을 깊이 묵상하며 깨닫는다. 이럴 때 기도의 즐거움을 알게 될 것이고, 기도의 축복을 기대하며 체험하게 될 것이다.

그러나 기도를 시작할 때만 "하나님 아버지"로 시작하고, 그 다음은 방향을 돌려 자기에게 필요한 것만 나열하여 구한다면, 그 기도가 욕심을 나열하는 수준으로 떨어진다.

우리는 기도의 시작부터 끝까지 누구 앞에 서 있으며 누구에게 기도하고 있는가를 분명히 인식하고 있어야 한다. 그리하여 기도의 성장과 함께 점점 신앙의 성숙이 이루어짐으로 기도의 대상인 하나님을 향한 믿음이 더 넓어지고 깊어져야 한다.

다시 말하면 하나님께 대해 부분적으로 알던 것을 좀더 넓고 깊게 알아야 한다. 하나님께 기도하는 것이므로 기도의 대상에 대한 인식이 계속 깊어지고 온전해져야 함은 당연한 일이다.

이에 기도를 가르치시는 예수님은 가장 먼저 기도의 대상을 밝히신 후 간구할 내용을 가르치셨다. 즉, 예수님은 성도들이 가장 먼저 구해야 할 바가 하나님을 높이는 것임을 가르쳐 주고 있는 것이다. 이는 기도가 인간의 욕구만 충족시키는 방편이 아니며 하나님의 뜻과 영광을 먼저 구하는 것임을 예수님이 친히 가르쳐 주시는 것이다.

'주기도'에는 일곱 가지의 기원이 있으며 이 기원들은 내용상으로는 각각 셋과 넷의 두 그룹으로 나누어진다. 즉 처음 세 가지 기원은 하나님께 관계되는 것이고, 뒤의 네 가지 기원은 우리 자신의 일상적인 관심사에 관계되는 것이다.

예수님께서 가르쳐 주신 '주기도'에서 "이름이 거룩히 여김을 받으시오며"는 일곱 가지 기원 중 첫 번째이며, 동시에 하나님께 관계되는 것의 첫 번째이다.

예수님께서는 "하나님의 이름이 거룩하다"고 말씀하신다. 성경은 하나님을 거룩하신 분으로 증거한다. 우리는 하나님이 거룩하신 분임을 믿는다.

원래 거룩하다는 말은 구별된다는 뜻을 가졌다. 즉 '하나님의 이름이 거룩하다'는 것은 하나님의 존재, 성품, 언약, 교훈 등이 인간과는 '구별된다'는 뜻이다.

하나님은 영원, 전지, 전능, 완전하시고 어디에나 계신다. 하나님은 선하시고, 사랑하시며, 의와 진리를 사람에게 나누어 주신다. 그러나 우리는 그렇지 못하다. 우리는 가질 수 없고, 하나님만이 가지신 속성을 비공유적 속성이라고 부른다.

이처럼 사람이 하나님의 성품을 받아 가질 수 있는 것을 공유적 속성이라고 부른다. 거룩은 공유적 속성이다. 성경은 하나님이 거룩하시므로 사람도 거룩하라고 명한다(레 19:2).

하나님의 거룩한 이름

성경에는 하나님의 이름이 여러 가지로 기록되어 있다.

여호와 스스로 계신 언약의 하나님

엘로힘 전능하신 하나님

엘솨다이 존귀하신 하나님

여호와 이레 준비하시는 하나님

여호와 라파 모든 질병을 치료하시는 하나님

여호와 닛시 승리를 주시는 하나님

여호와 삼마 상황과 현실 속에 계시는 하나님

여호와 샬롬 평강의 하나님

여호와 치드케누 우리의 이로움이신 하나님

여호와 로이 길을 잃고 방황하는 양떼를 인도하시는 하나님

하나님의 이름들은 '하나님의 존재, 하나님의 성품, 하나님의 권세, 하나님의 언약'을 함축하여 표현하고 있다. 이처럼 하나님의 '이름'은 하나님의 '인격 전체'를 대변한다.

그렇다면 하나님의 이름을 어떻게 거룩하게 할 수 있을까?

사실 하나님의 이름은 오직 하나님만이 거룩하게 할 수 있다. 우리에게는 하나님의 이름을 영화롭게 할 능력이 없다. 만일 우리에게 그만한 능력이 있다면 예수님의 이 기도문은 "여김을 받게 하라"로 바뀌었어야 한다.

하나님은 스스로 사람들에게 당신의 거룩함을 알려 주신다. 예수님도 "이름이 거룩히 여김을 받으시오며"라고 가르치시며 하나님의 거룩하심을 알려 주신다. 우리는 하나님의 이름을 완전히 거룩하게 할 수 없다. 이미 하나님은 본질적으로 거룩하신 분이기 때문이다. 우리는 하나님의 이름이 거룩하다는 사실을 드러낼 뿐이다. 그러므로 우리 마음 속에는 하나님을 거룩하게 할 강한 욕구를 가지고 있어야 한다.

우리가 하나님의 이름을 완전하게 드러낼 수 없다고 해도 그 마음은 가질 수는 있다. 그러한 강렬한 마음을 가질 때 우리가 하나님에 의해서 하나님을 거룩하게 하는 도구로 쓰임 받을 수 있다. 따라서 우리가 하나님을 의지하며 기도할 때, 거룩하신 하나님이 기도하는 우리를 향해 거룩하다고 인정해 주실 것이다.

기도는 거룩한 사람들의 특권이다. 우리가 하나님께 가까이 나아갈 때 거룩해진다.

"나는 나를 가까이 하는 자 중에 내가 거룩하다 함을 나타내겠고" (레 10:3).

우리의 귀한 것을 드릴 때 하나님의 이름이 거룩해진다.

"여호와의 이름에 합당한 영광을 그에게 돌릴지어다 예물을 들고 그의 궁정에 들어갈지어다"(시 96:8).

우리가 우리의 영광을 취하지 않고 주 앞에 돌릴 때 하나님의 이름이 거룩해진다.

"여호와여 영광을 우리에게 돌리지 마옵소서 우리에게 돌리지 마옵소서 오직 주는 인자하시고 진실하시므로 주의 이름에만 영광을 돌리소서"(시 115:1).

우리의 생활을 통하여 주님의 이름이 거룩해진다.

"너희 빛을 사람 앞에 비취게 하여 그들로 너희 착한 행실을 보고 하늘에 계신 너희 아버지께 영광을 돌리게 하라"(마 5:16).

주기도문에서 가르쳐 주는 것과 같이 기도는 우리의 뜻을 하나님 나라에 펴는 것이기 이전에 '하나님 뜻을 이 땅에 이루어지도록 간구하는 것'이다. 그러므로 기도 중에 우리가 필요한 것을 구하는 것도 중요하지만, 예수님이 가르치신 것을 구하는 것이 우선적이다. 하나님이 가르치신 것이 우리 삶의 목적이다.

"이름이 거룩히 여김을 받으시오며"라는 간구를 예수님께서 주기도문의 첫머리에 두신 것은 '성도들의 삶의 궁극적인 목적은 어디에 있는가?'를 밝히신 것이다.

성도의 목적은 자신을 영화롭게 하는 것이 아니라 하나님을 영화롭게 하는 것이다. 어떤 사람은 자기가 죄인이기 때문에 감히 하나님을 영화롭게 할 수 없다고 말한다. 그러나 그렇지 않다. 하나님은 우리에게 하나님을 영화롭게 할 만한 자격과 특권을 주셨다.

우리는 하나님의 형상대로 지음받을 때로부터 하나님을 영화롭게 할 수 있었다. 믿음으로 의인이 된 이후에는 하나님을 영화롭게 하는 새로운 인생 목적을 가지게 되었다. 하나님이 그렇게 우리를 인도하신다.

다윗은 시편 8편에서 다음과 같이 기도했다.

"사람이 무엇이기에 주께서 그를 생각하시며 인자가 무엇이기에 주께서 그를 돌보시나이까"

성 안토니오는 "하나님은 누구시오며 나는 무엇입니까?"라는 한 가지 제목으로 무려 3년 동안이나 산 속에서 기도했다고 한다. 그러므로 우리는 기도할 때에, 먼저 기도의 대상을 생각하고 기도의 대상이 어떤 분이며, 그분을 어떻게 높여야 하는지를 생각해야 한다.

예수님께서는 "이름이 거룩히 여김을 받으시오며"라고 말한다. 이 말을 쉽게 옮기면 "당신의 이름만이 거룩히 여기게 되기를 소원합니다"라고 할 수 있다.

베드로전서 3장 15절에는, "너희 마음에 그리스도를 주로 삼아 거룩하게 하고"라 기록한다. 이 말씀은 주께서 항상 우리 마음에 거룩하신 주인으로 계신다는 의미이다.

인생의 최대 목적은 하나님께 영광을 돌리는 것이며, 하나님의 이름을 영화롭게 하는 것이다. 따라서 다른 어떠한 요구도 하나님을 영화롭게 하는 간구 앞에 놓일 수 없다.

나를 먼저 생각하기 시작하면 하나님이 보이지 않는다. 만약 본다 하더라도 그것은 나의 왜곡된 시각으로 하나님을 보게 된다. 그러므로 먼저 하나님을 보고 그리고 나를 볼 때 하나님도 바로 보고 나도 바로 보는 것이다.

흔히 경험하는 일이지만 기도할 때, 나의 형편과 처지에 대해 안타깝고 분하고 억울하며, 답답하고 다급한 이야기들을 먼저 쏟아놓기 시작하면 나중에는 누구에게 기도하고 있는지도 모를 지경까지 간다.

기도하는 사람은 하나님을 가장 먼저 생각해야 한다.
이에 성경은 증거한다.

"먼저 그의 나라와 그의 의를 구하라 그리하면 이 모든 것을
너희에게 더하시리라"(마 6:33).

아무리 다급하고 답답한 사정이 있더라도 먼저 하나님의 뜻을 분별하여 무엇을 원하시는가를 생각하는 것이 기도의 바른 자세이다. 그래서 예수님은 첫 번째 간구로 "당신의 이름이 거룩히 여김을 받으소서"라 기도하라고 가르치고 있는 것이다.

'이름이 거룩히 여김'이 뜻하는 것

하나님의 이름은 하나님 자신을 나타낸다. 모세에게 여호와의 이름을 반포하실 때 자신의 복된 속성들을 열거하셨다.

> "여호와께서 구름 가운데 강림하사 그와 함께 거기 서서 여호와의 이름을 선포하실새 여호와께서 그의 앞으로 지나시며 선포하시되 여호와라 여호와라 자비롭고 은혜롭고 노하기를 더디하고 인자와 진실이 많은 하나님이라 인자를 천대까지 베풀며 악과 과실과 죄를 용서하리라 그러나 벌을 면제하지는 아니하고 아버지의 악행을 자손 삼사 대까지 보응하리라"(출 34:5-7).

그러므로 "주의 이름(즉, 주의 완전한 속성들)을 아는 자는 주를 의지하오리니"라고 고백할 수 있다(시 9:10). 하나님의 이름은 하나님이 자신에 관해 우리에게 계시하신 모든 것이다. 하나님이 자신을 전능자, 만군의 주, 여호와, 평강의 하나님, 우리 아버지 등과 같은 호칭을 드러내셨다.

이름은 인격의 대명사이다. 히브리 사고방식에서 이름은 그의 본질, 그의 인격과 성격, 그 자신의 전체를 의미한다. 이름을 어떻게 여기느냐에 따라 본질과 인격을 여기는 결과이다.

훌륭한 사람을 기억하는 것은 우선적으로 이름이다. 이름을 들을 때 사람의 훌륭함도 함께 생각하게 된다. 이에 예수님은 하나님의 이름이 거룩하게 되는 것이 하나님의 뜻임을 알고 계셨으므로, "이름이 거룩히 여김을 받기를 원한다"고 가르치셨다.

여기서 거룩히 여김이라는 말은 희랍어 동사 '하기아조'이다. 이 말의 뜻은 '구별하는 것, 성스럽게 사용하기 위해 따로 떼어 두는 것'이다. 하나님의 이름에 합당한 영광을 돌리고자 하는 사람은 하나님의 이름을 말할 때 다른 이름과 차별을 두고, 최상의 경의를 표시해야 한다. 그리스도인들은 영광과 능력을 하나님께 돌리고, 여호와의 이름에 합당한 영광을 돌리며, 거룩한 옷을 입고 여호와께 경배를 올려야 한다.

> "너희 권능 있는 자들아 영광과 능력을 여호와께 돌리고 돌릴지어다 여호와께 그의 이름에 합당한 영광을 돌리며 거룩한 옷을 입고 여호와께 예배할지어다" (시 29:1-2).

하나님의 이름을 거룩히 여긴다는 것은 그의 이름을 존귀하게 여기고 망령되이 일컫지 않는 것이다. 하나님은 당신의 이름이 헛되게 불려지는 것을 원하지 않으신다.

> "너는 네 하나님 여호와의 이름을 망령되게 부르지 말라 여호와는 그의 이름을 망령되게 부르는 자를 죄 없다 하지 아니하리라" (출 20:7).

하나님을 알면 알수록 하나님의 크고 높으신 권위를 깨닫게 된다. 깨달을수록 하나님의 이름을 더 높이게 된다. 하나님의 이름을 거룩히 여긴다는 것은 우리의 삶이 하나님을 나타내고, 그분의 성품을 닮아가도록 힘쓰는 것이다.

예수님이 아버지에 의해 세상에 보내어지셨고, 아버지의 이름을 높이셨듯이 우리 역시 하나님 아버지에 의해 세상에 보내졌으므로 아버지 하나님의 이름을 높여야 한다.

세상이 우리를 보고 하나님의 사랑을 알 수 있어야 한다. 아들의 선함과 훌륭함이 아버지의 기쁨과 자랑이 되듯이 하나님의 자녀인 우리의 선한 행실로 말미암아 아버지이신 하나님의 이름이 드러나고 그분께 영광을 돌려져야 한다.

> "이같이 너희 빛이 사람 앞에 비치게 하여 그들로 너희 착한 행실을 보고 하늘에 계신 너희 아버지께 영광을 돌리게 하라"(마 5:16).

하나님의 이름을 거룩히 여긴다는 것은 우리 자신의 의견과 타락된 생각 그리고 마음의 욕망으로부터 벗어나는 것이다.

사도 바울이 유혹을 받는 자신의 고민을 털어놓았어도 결국 예수님과 함께 하는 것처럼 우리 역시 죄의 유혹, 세상의 유혹을 받더라도 예수 그리스도 안에서 살아가고 예수님과 함께 살아야 한다. 예수님과 함께 걸어가는 것이 참 기쁨이며, 하나님의 축복하심을 경험하는 것이기 때문이다.

이처럼 "이름이 거룩히 여김을 받으시오며"라는 기도는 세상에서 가장 위대하신 이름이 존경과 경배와 영광을 받아야 하는 기도이다.

하나님의 거룩한 이름이 널리 퍼져 찬양 받아야 한다. 성도는 하나님의 이름을 최고의 존경과 영예 속에 두어야 한다.

성경은 다음과 같이 증거한다.

> "주의 이름(말하자면 주님 자신)을 사랑하는 자들은 주를 즐거워

하리이다" (시 5:11).

"야곱의 하나님의 이름이 너를 높이 드시며" (시 20:1).

"여호와의 이름은 견고한 망대라" († 18:10).

'거룩'은 하나님의 불변적인 속성이기에 인간이 하나님을 존재를 거룩하게 할 수는 없다. 그러나 겸손한 마음, 감사하는 마음 그리고 경외하는 마음으로 거룩한 하나님을 드러낼 수는 있다.

하나님은 당신의 이름에 합당한 영광을 돌려지며 당신의 영광이 온 세계에 밝게 비쳐지며 그분의 이름이 사람들 사이에서 찬양되어지기를 원하신다.

훌륭한 아들은 아버지의 이름을 높인다. 마찬가지로 훌륭한 하나님의 자녀는 아버지 하나님의 이름을 거룩히 여기는 일에 초점을 맞추어 행동한다. 이름이 거룩히 여김을 받기 원하는 신자들은 그의 행동의 초점 인생의 목적을 하나님께 맞추고 산다.

하나님의 이름은 오직 하나님의 방법으로만 거룩해진다. 그러므로 하나님이 스스로 거룩하게 하시며, 사람에 의해 거룩함이 확인되도록 하신다. 예수님께서 "이름이 거룩히 여김을 받으시오며"라는 기도는 하나님이 스스로 당신의 거룩하심을 사람들에게 알리시고 확인하심을 가리킨다.

웨스트민스터 대요리문답에는 이렇게 기록되어 있다.

"그 통치하시는 섭리에 의해 만물을 지도하시며 통치하셔서 자신을 영화롭게 하신다."

우리에게는 기본적으로 하나님의 이름을 거룩하게 할 능력이 없다. 그러나 그리스도께서는 우리 입술을 통해 하나님이 거룩하심을 확인하는 방법을 알려 주셨다.

'거룩히 여김을 받으시오며'라는 동사는 수동 명령형의 형태이다. 즉 하나님 아버지는 우리들에 의해 거룩하다고 인정되어야 하는 분이다. 본래 거룩하신 분을 거룩하다고 인정하는 것이 당연하다. 그러나 죄악에 물든 사람은 하나님께 거룩하다고 인정하지 않는다. 하지만 하나님은 거룩하다고 인정받으셔야 한다. 하나님의 이름이 피조물 가운데에서 마땅히 거룩히 여김을 받아야만 하기 때문이다. 본래의 것이 발견되고 인정되는 것이다. 이름이 거룩하다고 인정받는 것이 하나님의 바람이다. 이름이 거룩하다고 인정하는 사람은 하나님의 주권을 인정하고 하나님의 통치를 받고 있음을 자기 입으로 증명하는 것이다. 그러므로 기도하는 성도들은 기도 중에서 하나님의 거룩하심이 인정되도록 해야 한다.

기도 후에도 하나님의 거룩하심이 온 세상에 드러나도록 해야 한다. 기도 자체가 하나님의 이름을 거룩하게 하는 행위이며, 기도의 목적이 하나님의 이름을 거룩하게 드러내는 것이다. 기도의 결과로 거룩하신 하나님의 이름이 드러나야 한다.

거룩하신 목적을 이룰 권능은 하나님으로부터 온다. 하나님이 전능자이시고, 사람이 가진 권능의 원천이기 때문이다. 하나님은 기도하는 사람에게 성령의 역사하심으로 생각과 말과 행동으로 하나님을 거룩하게 하고 영화롭게 할 수 있는 능력을 주신다. 즉, "이름이 거룩히 여김을 받으시오며"라고 기도함으로써, 우리는 지극히 거룩하고 영광스러운 하나님께 하나님의 거룩하심을 인정하고 경배할 수 있게 해달라고 간청하는 것이다.

그런데 오늘날 사람들이 기도하면서 하나님의 이름을 거룩하게 하는 일을 소홀히 한다. 여전히 사람의 이름이 높아지기 원하고 있다. 하나님 앞에 경건한 말, 미사여구를 늘어놓아도 그대로 살지 못하고 있다. 입술로는 하나님을 거룩하다고 인정하지만 삶으로는 인정하지 못하고 있다.

마음은 원이지만 육신이 약하여 그럴 수도 있고, 죄의 유혹이 이기지 못하기 때문에 그럴 수도 있다. 그러나 알면서도 고치려 들지 않는다면 그 기도는 외식하는 기도가 될 것이다.

주님의 이름을 거룩히 한다는 것은 하나님께 나의 삶의 최고의 자리를 내어 드리는 것이다. 즉, 우리의 생각과 감정과 생활의 모든 것 위에 주님을 올려놓고 주님이 지배하시도록 나를 비우는 것이다.

바벨탑을 쌓았던 사람들은 "우리 이름을 내자"라고 말하면서 탑을 세웠고(창 11:4), 느부갓네살은 "이 큰 바벨론은 내가 능력과 권세로 건설하여 나의 도성을 삼고 이것으로 내 위엄의 영광을 나타낸 것이 아니냐"라고 말하였다(단 4:30). 그들은 모두 자기가 인생의 주인이었다. 하나님은 이런 행위를 향하여 진노하신다. 하나님께서 바벨탑을 쌓던 사람들에게의 언어가 소통되지 않게 하셨고, 느부갓네살을 실성한 사람이 되게 하셨다.

오늘날도 하나님은 교만한 사람을 다스리신다.

"하나님이 교만한 자를 물리치시고 겸손한 자에게 은혜를 주신다 하였느니라"(약 4:6).

사도 베드로는 "너희 마음에 있는 그리스도를 주로 삼아 거룩하게 하라"고 명령한다(벧전 3:15). 하나님이 우리 안에서, 그리고 우리를 통하여 자신을 거룩하게 하셔서 우리로 하여금 하나님을 영화롭게 하도록 우리에게 목적을 정하셨다. 그 목적이 예수님의 기도를 통해 드러났다.

"이름이 거룩히 여김을 받으시오며"라고 기도하는 사람은 삶에서 하나님의 이름을 거룩하게 하는 능력을 받을 것이다. 혼자만이 아니라 이웃과 공동체의 사람이 함께 하나님의 이름을 거룩하게 하는 믿음의 능력을 받을 것이다. 하나님이 사람의 마음 속에 소원을 두고 행하시기 때문이다.

"이름이 거룩히 여김을 받으시오며"라는 간구에는 하나님이 당신의 이름을 위해 사람에게 필요한 능력을 주신다는 의미도 담겨 있다. 따라서 우리는 예수님의 가르침에 따라 기도할 때 하나님의 이름이 세상에 더 드러나며 퍼지기를, 주님의 모든 백성이 더욱 하나님의 거룩하심을 사모하며 전파하기를 원한다. 사람들 가운데에서 하나님의 이름을 모독하는 일이 사라지게 되기를 기도해야 한다.

하나님의 이름을 거룩히 여기는 방법

우리가 어떻게 하나님의 이름을 거룩히 여길 수 있을까? 하나님의 이름이 거룩하다면 사람의 욕심에 의해 사용되어서는 안 된다. 예수님은 하나님의 이름으로 맹세하지 말라고 하셨다. 하나님의 이름이 사람의 맹세에 사용될 수 없다.

그런데도 예수님 당시 바리새인들은 하나님의 이름을 자기 맹세에 사용했다. 이렇게 하는 행위 자체가 하나님을 욕되게 하는 것이다. 그들은 하나님을 두려워할 줄 몰랐다.

하나님을 두려워하는 사람은 하나님의 말씀을 듣고 그 말씀에 적극적으로 순종한다. 하나님이 거룩하시므로 그분의 말씀도 거룩하다. 그러므로 하나님의 말씀을 무시하거나 듣지 않는 것, 함부로 멸시하는 것은 무서운 죄이다. 하나님의 말씀을 의심하는 것 역시 어리석은 짓이다. 이는 하나님의 이름을 직접 모독하는 일이기 때문이다.

시편 기자는 다음과 같이 노래한다.

> "여호와의 율법은 완전하여 영혼을 소성시키며 여호와의 증거는 확실하여 우둔한 자를 지혜롭게 하며 여호와의 교훈은 정직하여 마음을 기쁘게 하고 여호와의 계명은 순결하여 눈을 밝게 하시도다 여호와를 경외하는 도는 정결하여 영원까지 이르고 여호와의 법도 진실하여 다 의로우니 금 곧 많은 순금보다 더 사모할 것이며 꿀과 송이꿀보다 더 달도다 또 주의 종이 이것으로 경고를 받고 이것을 지킴으로 상이 크니이다" (시 19:7-11).

우리 삶의 목적은 하나님을 영화롭게 하는 것이다. 인생의 제일 되는 목적은 곧 하나님을 영화롭게 하고 영원토록 그를 즐거워하는 일이다. 하나님을 영화롭게 하려면 예수님의 말씀을 먼저 들어야 한다. 예수님이 제시하신 방법대로 살아야 하는 것이다. 예수님이 이렇게 말씀하셨다.

> "너희는 세상의 빛이라… 이같이 너희 빛이 사람 앞에 비치게 하여 그들로 너희 착한 행실을 보고 하늘에 계신 너희 아버지께 영광을 돌리게 하라" (마 5:14-16).

우리의 말과 행동이 이웃과 사회인들에게 부도덕하게 비치거나 또는 예수의 이름을 욕되게 한다면 하나님께 영광이 돌아가지 못한다. 사람들은 우리 속에 있는 것보다 겉을 먼저 보기 때문이다.

우리는 보이는 복음이다. 그러므로 사람들에게 보이는 것에서 우리 내면의 진실된 믿음이 드러나야 한다. '마음을 다하여 뜻을 다하고 성품을 다하여 몸을 다하고 목숨을 다하여' 하나님을 사랑하며 동시에 이웃을 사랑해야 한다. 사랑으로 하나님의 이름이 거룩해지기 때문이다.

예수님께서 가르쳐 주신 "이름이 거룩히 여김을 받으시오며"라고 하는 기원을 드릴 때 어떠한 마음이 드는가? 하나님의 이름과 기도에 대한 우리의 실수와 어리석음이 느껴지지 않는가?

교만한 마음, 열정이 식어지고 냉랭해진 것, 완악한 생각, 불경건한 생활 그리고 나약한 의지 등 하나님의 영광이 드러나는 데에 방해가 되고 그 이름을 모독시키는 수많은 요소들이 우리를 괴롭히고 있다.

그러므로 우리는 우리의 약함을 하나님께 고백해야 한다. 하나님께서 우리를 강하게 하시도록 간구해야 한다. 주님에 대한 충분한 지식, 우리 마음 속에 커가는 경외심, 성장하는 믿음과 소망과 사랑과 경배심, 그리고 올바른 은사 사용 등 주님의 이름을 거룩하게 하는 것을 구하고 바르게 실천해야 한다. 자신을 돌아보아 하나님을 따름이 불신자들에 의해 모독을 당하게 할 만한 것이 우리 행위에 없도록 해야 한다(롬 2:24).

"그런즉 너희가 먹든지 마시든지 무엇을 하든지 다 하나님의 영광을 위하여 하라"(고전 10:31).

그러므로 "이름이 거룩히 여김을 받으시오며"라는 기도는 하나님의 자녀가 된 모든 성도들의 염원이어야 한다. 하나님의 이름이 거룩히 여김을 받기를 원하는 기도 속에 하나님께 대한 경배와 믿음과 의무가 포함되어 있다. 성도들은 예수 그리스도처럼 아버지의 이름을 존중하고, 의뢰하는 마음으로 기도를 드려야 한다. 과거에 이렇게 살지 못하였음을 깨닫고, 바른 기도, 기도에 합당한 삶을 살도록 결심하고 실천해야 한다.

루터는 "하나님이 하나님 되게 하라"(Let God be God)고 말하였다. 기도는 하나님으로 하여금 하나님 되게 하는 일에 나를 바치는 행위이다. 하나님의 이름을 기억하고 그 이름을 높이고자 하는 간절한 마음이 기도를 통해 하나님께 전달된다. 자기를 돌아보되 자기 이름이 높여지는 것이 아니라 하나님의 이름이 높여지기를 원해야 한다.

우리의 생활 속에서 하나님의 이름이 영광되도록 노력해야 한다. 사도 바울처럼 "내 소문을 듣고 모든 사람이 하나님께 영광을 돌렸다"(갈 1:24)라고 하는 고백이 있어야 한다.

폴란드의 천재 음악가 쇼팽은 피아노와 작곡에 탁월한 재능을 보였다. 그가 20살에 프랑스로 유학을 떠날 때 그의 아버지가 부탁한 말이 있다.

"너는 폴란드의 자랑이 되어다오."

아버지는 아들의 마음 속에 국가를 심어 주었다. 또한 쇼팽의 선생님도 떠나는 제자에게 조그마한 은컵에 폴란드의 흙을 넣어 정성스럽게 싸서 주며 말했다.

"어디를 가든지 조국을 잊지 말게. 이 한 줌의 흙을 군의 따뜻

한 마음으로 사랑해 주기 바라네."

쇼팽은 공부하는 동안 힘들 때마다 '나는 폴란드 사람이다. 폴란드 이름을 더럽히지 않도록 해야지'하며 다짐하고 노력하였다. 불행히도 쇼팽은 38세의 젊은 나이에 세상을 떠났지만 누구보다 폴란드의 이름을 높이며 살았다. 그는 "나의 폴란드 흙이 담긴 이 컵을 나의 무덤 속에 넣어 주시오"라고 유언하며 조국을 사랑하고 그리워하는 마음으로 죽었다.

오늘 우리는 어떻게 살고 있는가? 어떻게 하나님의 이름을 높이고 있는가? 하나님의 이름을 거룩하게 하는 일을 하는가?

"하나님이여, 오직 당신의 이름이 나의 생명을 통해서 거룩히 여김을 받으시옵소서."

이 기도가 당신의 삶을 주장하게 되기를 바란다.

너희는 이렇게 기도하라!
기도의 본질 Ⅱ / 하나님의 나라를 위해 기도하라!

주기도문에서 두 번째 간구는 "나라이 임하옵시며"(The Kingdom come)이다. '나라이 임하옵시며'는 원래 '그의 나라', 또는 '당신의 나라가 임하옵시며'인데 우리말의 번역에서 관사 '그의'가 빠졌다. 이런 의미에서 영어 번역의 'The Kingdom come'은 대단히 좋은 번역이다.

예수님께서는 우리에게 하나님 나라의 도래를 위해 기도하라고 말씀하셨다. 우리는 하나님의 백성이므로 "하나님의 나라가 임하옵소서"라고 기도해야 한다.

하나님 나라를 위한 기도

사람이 사는 세상에는 선사시대이든지, 역사시대이든지 사람이 해결하기 어려운 불의와 죄악들이 존재하였다.

사람들은 철학, 윤리학, 법학, 교육 등을 연구하고 법을 제정하여 이 땅에 존재하는 불의와 부조리를 제거하기 위해 노력했지만 이 땅이 완전히 깨끗해진 적이 한 번도 없었다. 그것은 이 땅의 불의와 부조리가 인간의 노력에 의해서는 결코 사라질 수 없다는 사실을 입증한다. 그러나 하나님이 정하신 방법으로는 가능하다.

하나님은 거룩한 분이시다. 거룩한 하나님이 우주를 완전하게 창조하셨다. 타락한 사람이 우주를 파괴하지만 하나님은 사람을 거룩하게 하시고 우주를 회복하고 싶어하신다. 사람들 사이에 하나님의 통치가 완전히 회복되기를 하나님이 원하신다.

예수님 역시 아버지의 소원을 알고 계셨다. 예수님께서 제자들에게 기도를 가르치시는 것을 통해 느낄 수 있다. 예수님은 기도를 통해 우리에게 하나님 나라의 도래를 위해 기도하라고 말씀하신다.

예수님께서 가르치신 기도는 유대인의 기도문에서 볼 수 있다. 주로 랍비들이 이런 기도를 사용했다. 그러나 랍비들은 나라를 위해 긴 시간 혹은 긴 문장으로 기도하였어도 그들이 기도한 나라는 다윗 왕국을 의미하는 것이다.

메시야를 "다윗의 자손이여"라고 부르던 그들은 기다리던 메시야가 제 2의 다윗 왕국을 세울 줄 알았다. 즉 이방인들을 물리치고 영토를 넓히고, 유대인들의 중흥을 꿈꾸는 지상 왕국으로 이해하였다. 그러나 예수님의 가르침은 유대인들과 달랐다.

그렇다면 하나님 나라는 무엇을 의미하는가? 하나님의 나라는 어떻게 이루어질 수 있는가? 하나님의 나라는 하나님께 속하는 곳이며, 하나님의 다스림을 받는 곳이다. 성령님의 역사가 있는 곳이며, 평화가 있는 곳이다.

> "하나님의 나라는 먹는 것과 마시는 것이 아니요 오직 성령 안
> 에 있는 의와 평강과 희락이라"(롬 14:17).

예수님께서 말씀하시는 나라는 어떤 나라, 누구의 나라인가? 예수님께서는 우리에게 "먼저 그의 나라와 그의 의를 구하라"(마 6:33)라고 권고하셨다. 예수님은 하나님의 나라가 이 땅에 임하게 하기 위해 오셨다. 그 나라는 하나님께 영광을 돌림으로 임한다. 하나님의 나라가 임하는 것은 인간의 힘으로 할 수 없다. 하나님께서 주장하셔야 가능하다. 하나님의 나라는 인간들의 학문적 연구나 과학의 발달 등으로 이루어지는 것이 아니라 철저히 하나님의 일하심에 의해 성취된다.

하나님이 당신의 나라를 우리에게 가르쳐 주시고, 우리 마음에 하나님 나라에 대한 소망을 갖게 하신다.

예수님은 하나님의 나라가 우리 안에 세워질 것을 말씀하셨다.

> "또 여기 있다 저기 있다고도 못하리니 하나님의 나라는 너희
> 안에 있느니라"(눅 17:21).

하나님의 나라가 먼저 사람들의 마음 속에 품어져야 한다. 하나님의 나라를 품은 사람들은 하나님의 통치에 자발적으로 순종한다. 하나님께 영광을 돌리기 위해 순종한다.

따라서 예수님께서 말씀하시는 나라는 유대인의 개념인 육적·지상적 권세를 잡는 제국이 아니며, 더구나 유대 민족 하나만을 위한 것도 아니었다. 예수님이 가르치신 나라는 하나님께서 만왕의 왕으로서 다스리시는 신령한 왕국이다.

하나님의 나라는 사람이 세운 정치 이념이 아니다. 하나님께서 왕으로 지배하시며, 하나님의 뜻이 완전히 드러나는 나라이다. 그러므로 우리의 기도는 본질적으로 '하나님의 나라를 위한 기도'여야 한다. "나라이 임하옵시며"라는 기도에서 알 수 있듯이 하나님의 나라는 이 땅에서 실현되어야 할 나라이다.

예수님께서는 기도를 가르치심으로 하나님 나라의 실현이라는 소망을 우리에게 허락하셨다. 우리의 소망을 하나님의 소망이 맞추는 것이다.

하나님 나라의 두 가지 차원

하나님의 나라는 두 가지 차원이 존재한다. 하나는 현재적인 차원이고 다른 하나는 미래적인 차원이다.

현재적인 차원은 개인적으로 예수님을 믿음으로 은혜를 받고, 영적 자존감을 회복하며, 하나님의 다스리심에 의해 개인적인 평화를 누리는 것이다. 개인적인 믿음이 확실한 사람이 사회적인 불의가 사라지게 하고, 사람들 사이에 갈등이 해결되게 하며, 평화가 임하게 하는 일을 한다. 예수님이 이 땅에 오심으로 이러한 천국이 이미 시작되었다.

한편 천국은 미래적인 것이다. 하나님께서 마지막에 이루실 완전한 나라이다. 예수님은 세상의 종말과 마지막 심판을 예고하셨다. 두 사람이 있는데 한 사람은 데려가고 한 사람은 머물겠다고 말씀하셨고, 열 처녀 비유에서 다섯 사람은 들어가고 다섯 사람은 들어가지 못하는 종말론적인 천국을 가르치셨다. 예수님이 재림하실 때 종말론적 천국이 완성될 것이다.

천국은 확장되어야 한다. 천국은 임할 뿐만 아니라 전파되고 계속 확장되어야 한다. 하나님의 말씀이 전파되고 하나님이 다스리시는 곳만큼 천국이 확장된다. 즉, 보이지 않는 하나님의 나라가 이 땅에 점점 이루어지고 있다.

따라서 "나라가 임하시옵소서"라는 기도는 하나님의 주권을 완전히 내 마음, 내 가정, 내 사회, 내 나라에 행사되기를 원하는 기도이다. 그리하여 어둠의 권세, 사탄의 권세, 더러운 권세가 모두 물러가고 주님의 권세만이 우주를 지배할 것이다.

신앙인들은 하나님의 나라를 여러 모양과 방법으로 경험할 수 있다. 귀신들린 사람에게 "나라가 임하시옵소서"라고 하면 "이 사람의 정신을 흐리게 하는 귀신이 물러가고 맑은 정신이 주옵소서"라는 의미이다. 미워하는 마음을 가진 사람에게 "나라이 임하옵소서" 하는 기도는 '미운 마음은 모두 사라지고' 용서하는 마음을 가지고 화평케 하는 사람이 되기 원하는 기도이다. 병든 사람에게 "하나님 나라가 임하옵소서" 하면 병이 낫고 건강하게 하는 것을 의미한다. 거룩하지 못한 사람이 거룩하게 되고, 하나님의 뜻을 행하며, 하나님의 성품을 본받는 인격이 되어진다는 뜻이다.

그러므로 "당신의 나라가 속히 임해 주시옵소서"라고 기도하는 것은 우리 삶 전체에 하나님의 다스리심이 완전해지기 원하는 기도이다.

천국은 현재적인 영역과 미래적인 영역, 현실적인 영역과 종말적인 영역이 조화되어 있다. 그러므로 그리스도인은 한편으로는 현세적인 천국 건설에 노력해야 하며, 한편으로는 종말적인 영원한 천국을 대망해야 한다.

하나님 나라는 개인적으로 현실 생활에서 옛 사람이 사라지고, 자기를 부인하며 새 생활을 시작하게 한다. 사회적으로는 불의와 악독, 악의 세력이 점점 사라지고 정의와 평화가 회복되는 것이다.

하나님의 나라는 영적으로 사탄의 권세가 물러가고 이 세상에 하나님의 왕권이 행사되는 것이다. 그리스도인의 궁극적 소원은 하나님의 나라가 이룩되는 것이다.

하나님 나라의 도래

하나님의 나라가 이 땅에 임할 때 성도들의 우렁찬 승리의 함성이 울려 퍼질 것이다. 신랑 되신 예수님을 맞이한 모든 성도들의 가슴에는 터질 듯한 감격이 휘몰아칠 것이다. 초대 교회의 성도들은 이 날을 사무치게 고대하였다. 그들의 인사는 '마라나타' 즉 "주여! 오시옵소서!"였다. 그들은 주님의 재림을 이처럼 갈망하였었다.

하나님의 나라는 주님께서 재림하시어 성도들의 눈물을 씻어 주시고 손을 만지며 위로해 주시며, 믿음의 상급을 주시는 그 날이다. 이 날에는 모든 죄와 고통과 눈물은 영원히 사라질 것이다.

그러나 악한 사탄은 무저갱에 갇혀 더 이상 활동하지 못할 것이다. 예수님을 믿지 않던 사람, 사탄의 사주를 받고 하수인 노릇을 하던 사람은 자기 몸을 쥐어짜며 후회의 눈물을 흘릴 것이다. 그들에게 영원한 평화의 나라 곧 하나님의 나라에 들어갈 기회가 사라졌기 때문이며, 영원토록 꺼지지 않는 불에서 고통받을 것이기 때문이다.

우리가 하나님의 뜻을 알고 행할 때 하나님의 나라가 이루어진다. 하나님의 뜻은 우리가 '예수님을 믿고 구원을 얻는 것'이다.

> "내 아버지의 뜻은 아들을 보고 믿는 자마다 영생을 얻는 이것이니 마지막 날에 내가 이를 다시 살리리라"(요 6:40).

하나님의 뜻은 우리가 '거룩하게 되어지는 것'이다.

> "하나님의 뜻은 이것이니 너희의 거룩함이라"(살전 4:3).

하나님의 뜻은 '기뻐하고 기도하고 감사하는 것'이다.

> "항상 기뻐하라 쉬지 말고 기도하라 범사에 감사하라 이것이 그리스도 예수 안에서 너희를 향하신 하나님의 뜻이니라"(살전 5:16-18).

하나님의 뜻은 '선을 행하는 것'이다.

> "선을 행함으로 고난 받는 것이 하나님의 뜻일진대"(벧전 3:17).

하나님의 나라가 이루어지기 위해 우리에게 필요한 것들이 있다. 그렇다면 우리에게 무엇이 필요한가? 성령을 받아야 한다(롬 14:17). 기도하여 권능을 받아야 한다(고전 4:20). 복음을 전파해야 한다(행 1:8). 맡겨진 사명을 감당해야 한다(골 4:11). 먼저 그의 나라와 그 의를 구하여야 한다(마 6:33).

그렇다면 이 기도를 통해 우리가 반성할 것이 무엇인가? 하나님의 나라를 생각하지 못하고, 그 나라를 소망하지 못하는 우리, 그 나라와 상관이 없이 살았던 우리의 잘못을 슬퍼하며 고백해야 한다. 우리 주변에 많은 사람들이 하나님의 나라와 상관없이 사는 모습을 보며 아파하며, 안타까워해야 한다.

우리부터 먼저 하나님의 나라가 세워지고 유지되도록 우리의 삶이 세상에 성화의 영향을 끼치게 할 은혜를 열심히 구해야 한다.

그리스도의 계명에 우리 자신을 복종시켜 언제든지 무엇에든지 주님의 명령에 순종할 자세를 갖추어야 한다(롬 6:13). 그리고 하나님의 능력이 임하기를 기도해야 한다. 그 능력은 일상 생활에서 하나님이 우리에게 정해 주신 의무를 모두 수행하여 하나님의 나라에 합당한 열매를 맺는 데 필요한 능력이다(마 21:45).

주님이 능력을 주시면 할 수 있다. 힘을 다하여 할 수 있으며(전 9:10; 골 3:17), 하나님의 나라를 확장시키기 위해 하나님이 정하신 방법을 모두 적용하는 능력을 갖추게 될 것이다.

천국은 현재와 미래, 현실과 종말을 막론하고 하나님의 뜻이 이루어지는 곳이다. 그리스도께서 우리를 통해 이루기 원하는 나라이다. 그러므로 기도하며 하나님의 나라가 마음에, 가정에, 교회에, 사회에, 나라에, 세계에 그리고 우주에 임하는 기대를 가지자. 그리고 하나님이 이루실 것을 믿고 순종하자. 그것이 바로 주기도문을 가르치신 예수님의 의도이다.

내적인 하나님 나라를 위하여 기도하자. 습관적으로 하나님의 뜻에 불순종하려는 마음을 하나님께서 다스려 주시도록 간구하자. 하나님께서 마음을 다스려 주시도록 기도함으로써 우리가 자초하는 모든 고난에서 구원을 얻을 것이다.

하나님을 반대하는 뜻에는 어떠한 경우에도 단연코 거부하자. 그리고 하나님의 뜻이라면 지체 없이 순종하는 성도가 되자. 우리 성도들이 가장 복되고 평안한 삶! 하나님께서 원하시는 삶을 살아야 할 책임과 권리를 가졌기 때문이다.

하늘에 계신 우리 아버지여
이름이 거룩히 여김을 받으시오며
나라이 임하옵시며
뜻이 하늘에서 이룬 것 같이
땅에서도 이루어지이다
오늘날 우리에게 일용할 양식을 주옵시고
우리가 우리에게 죄 지은 자를 사하여 준 것 같이
우리 죄를 사하여 주옵시고
우리를 시험에 들게 하지 마옵시고
다만 악에서 구하옵소서
대개 나라와 권세와 영광이
아버지께 영원히 있사옵나이다 아멘.

너희는 이렇게 기도하라!
기도의 본질 Ⅲ / 하나님의 뜻에 순종하라!

주기도문은 기도의 모델이며, 가장 완전한 기도이다. 그것은 예수님께서 제자들에게 그리고 우리에게 가르쳐 주셨기 때문이다.

필자는 제 10회 목회자의 날 기념 세미나를 통하여 한국교회와 성도들에게 '일만 번 주기도문 운동'을 선포하였고, '주기도문 드리기 운동본부'를 발족하였다.

남녀노소 모든 성도들에게 주기도문의 정신을 바르게 찾고 바르게 기도하기를 간곡히 부탁드리기 위해서였다. 그리고 주기도문에 합당한 삶을 살기 위함이다.

그렇다면 수많은 유혹과 혼란 중에서 혹은 삶의 위기 중에서 어떤 기도를 드려야 할까? 무의식중에라도 주님의 기도를 생각하고, 그 기도를 드리기 원한다.

하나님의 뜻을 위한 기도

'주기도문'의 세 번째 기원은 "뜻이 하늘에서 이루어진 것 같이 땅에서도 이루어지이다"는 기도이다. 이 문장은 우리말로 옮기면서 순서가 바뀌었다. 원본대로는 "당신의 뜻이 땅에 이루어지이다. 그 뜻이 하늘에서 이루어진 것처럼"의 순서로 "당신의 뜻이 땅에서 이루어지이다"가 주문장이다.

이 기원은 문장의 배열로 볼 때, 앞에서 본 "나라에 임하시옵소서"라는 기도에 대한 보충 설명의 의미를 가졌다. 그러나 엄밀하게 보면 다른 의미를 가지고 있다. 즉, '나라가 임하시옵소서'는 강한 권력(power)을 느낄 수 있다.

보다 구체적으로 설명하면 '나라이 임하옵시며'는 강하게 표현해서 죽일 사람은 죽이고, 살릴 사람은 살려서 하나님의 심판과 권세가 그대로 이 땅에 임하기를 바란다는 느낌을 가지게 한다. 하나님께서 속히 당신의 마음대로 온 세계를 다스리는 결과가 나타나기를 바라는 것이다.

한편 '뜻이 이루어지이다'라고 하는 것은 조금 더 부드러운 의미가 내포되어 있다. 나라가 임하기 위해 하나님의 뜻이라는 원인과 땅에서 이루어지는 과정이 있어야 한다. 원인과 과정을 통해서 결과가 나타나기 때문이다. 기도해야 할 필요! 기도의 내용! 기도의 결과를 하나님이 주장하시기 바라는 모습이다.

아직도 많은 사람들이 기도할 때 하나님께 남보다 더 많은 것을 얻어내기 위해 경쟁하듯 기도하는 경우가 많다. 하지만 예수님께서 주기도문을 통하여 기도의 바른 자세를 가르쳐 주셨다.

예수님께서도 우리와 마찬가지로 고통의 잔을 물리쳐 달라는 청원을 드렸지만 하나님의 뜻보다 앞서지는 않았다. 결국 예수님께서 겟세마네에서 드린 기도는 십자가의 고난을 거두어 달라는 것이 아니라 하나님의 뜻이 담긴 십자가의 고난을 거부하려는 본능적인 욕구를 다스려 달라는 청원이었다.

우리가 당하는 모든 고난이 사실은 우리의 욕심에서 기인되는 경우가 많다. 이 사실을 감안하면, 성도들이 해야 할 기도는 바로 예수님처럼 인간의 욕구를 다스리고 하나님의 뜻이 이루어지는 기도이다.
기도는 본질적으로 인간의 욕구를 충족시키는 방편이 아니라 하나님의 뜻과 영광을 구하는 것이다. 주님의 가르침을 통해 그동안 가졌던 기도에 대한 그릇된 생각을 말끔히 청소해야 한다.

하나님의 나라는 하나님의 뜻이 성취되는 곳에 이루어진다. 그러므로 우리도 하나님이 뜻이 이 땅 위에 성취되기 위해 기도해야 한다. 예수님처럼 "내 뜻대로 마옵시고 아버지의 뜻대로 하옵소서"라고 기도해야 한다 (마 26:42).
우리가 하나님의 지혜와 능력과 지성과 사랑을 믿고 있으므로 우리의 삶을 모두 하나님께 위탁하고 "아버지 뜻대로 하옵소서"라고 기도해야 한다. '무엇이든지 아버지 뜻대로! 어느 때든지 아버지 뜻대로! 어디든지 아버지 뜻대로!'의 자세가 신앙인의 기도 자세이다.
그러므로 우리는 예수님이 가르쳐 주신 것처럼 '뜻이 하늘에서 이룬 것 같이 땅에서도 이루어지도록 간구해야 한다. 옛 사람의 자아를 부인하고(막 8:34; 갈 5:24), 하나님의 명령에 자신을 즐거움으로 드려야 한다 (요 4:34).

땅에서 이루어질 하나님의 뜻

그렇다면 "뜻이 하늘에서 이룬 것 같이 땅에서도 이루어지이다"가 우리에게 주는 교훈은 무엇일까?

하나님의 뜻은 인간에 의해서 수행되고 지속되면 완전하게 실현되어야 하는 것이다. 하나님의 뜻은 율법을 온전하게, 마음으로부터 그리고 즉각적으로, 순종하는 것이다.

하나님의 뜻은 인간 세상에서, 인간 관계에서 하나님의 섭리가 이루어지는 것이다. 하나님의 뜻은 인간의 순종하는 생활과 그 성품을 통해 이루어지는 것이다.

예수님의 가르침은 하늘에서 이룬 뜻이 땅에서 이루어져야 할 뜻에 대한 근거가 되고 있다. 즉 하나님의 통치가 천사들의 세계에서와 같이 땅의 세계에서도 아무런 대항 없이 이루어지기를 간구하는 것이다.

따라서 "그의 뜻이 땅에 이루어지이다" 하는 말씀은 자원하는 마음이 담겨 있다. 강압적으로 이루는 것이 아니라, 우리가 그 뜻을 받아서 지키게 해 달라는 뜻이기 때문이다. 다시 말하면, 온 세계 사람들이 즐거운 마음으로 이 뜻을 지키도록 원하고 있는 것이다.

하나님께서는 우리를 향하여 뜻을 가지고 계신다. 하나님께서는 사람을 창조하시고 그들과 더불어 화목한 관계를 유지하며 함께 사시기를 원하셨다. 하지만 하나님께 불순종함으로 죄인이 되어 멸망의 길로 들어서고 말았다. 그러나 사람을 향해 긍휼을 가지신 하나님께서는 독생자 예수 그리스도를 보내어 사람의 죄를 위해 대신 죽게 하심으로 사람에게 죄에서 구원받을 수 있는 길을 마련해 주셨다.

그러므로 하나님의 뜻은 인류의 구원이다. 예수님께서는 이같은 하나님의 뜻을 이루시기 위하여 육신의 몸을 입으시고 이 세상에 오셨다. 예수님은 아버지 하나님의 뜻과 관련하여 다음과 같이 말씀하셨다.

"내가 하늘에서 내려온 것은 내 뜻을 향하려 함이 아니요 나를 보내신 이의 뜻을 행하려 함이니라 나를 보내신 이의 뜻은 내게 주신 자 중에 내가 하나도 잃어버리지 아니하고 마지막 날에 다시 살리는 이것이니라 내 아버지의 뜻은 아들을 보고 믿는 자마다 영생을 얻는 이것이니 마지막 날에 내가 이를 다시 살리리라 하시니라"(요 6:38-40).

"나더러 주여 주여 하는 자마다 천국에 들어갈 것이 아니요 다만 하늘에 계신 내 아버지의 뜻대로 행하는 자라야 들어가리라"(마 7:21).

"나의 어머니와 나의 동생들을 보라 누구든지 하늘에 계신 내 아버지의 뜻대로 하는 자가 내 형제요 자매요 어머니이니라"(마 12:49-50).

"주여 그리 마옵소서 이 일이 결코 주에게 미치지 아니하리이다…사탄아 내 뒤로 물러 가라 너는 나를 넘어지게 하는 자로다 네가 하나님의 일을 생각하지 아니하고 도리어 사람의 일을 생각하는도다"(마 16:22-23).

예수님은 하나님의 뜻을 중심으로 생각하셨고, 철저하게 이행하셨다. 예수님께서는 '인류의 구원'이라는 하나님의 뜻을 이루시기 위하여 수모와 핍박을 받으시고 고난의 십자가를 지셨다. 이같은 예수님의 희생 때문에 우리가 구원을 받았다. 예수님이 바로 구원의 길이다. 예수님 때문에 구원을 얻는 길이 우리에게 알려졌는데 그것이 바로 복음이다.

　우리 주위에는 아직도 구원의 복음이 전해지지 않은 곳이 많다. 하나님의 뜻은 바로 그곳에 복음이 전파되고 사람들이 예수 그리스도를 영접하여 구원을 받는 것이다. 따라서 뜻이 이루어지기를 원하는 기도를 드리는 우리는 복음이 전파되는 하나님의 뜻을 이루어드리는 전도자가 되어야 함을 암시한다.

예수님이 이루신 하나님의 뜻

　우리는 하나님의 뜻을 받아들이고 행하는 것을 힘들어 할 때가 많다. 그것은 하나님의 뜻보다 우리의 뜻을 앞세우기 때문이다. 스스로에게 하나님으로부터 받은 능력이 없다고 불안해하기 때문이다. 혹은 능력을 믿지 못하기 때문일 수 있다.

　성경은 하나님이 없이 사는 인간의 기본적인 생각은 육체의 정욕이며, 사탄의 사주에 의한 것이라고 증거한다.

> "그 후로는 다시 사람의 정욕을 따르지 않고 하나님의 뜻을 따라 육체의 남은 때를 살게 하려 함이라 너희가 음란과 정욕과 술취함과 방탕과 향락과 무법한 우상 숭배를 하여 이방인의 뜻을 따라 행한 것이 지나간 때로 족하도다"(벧전 4:2-3).

> "너희는 너희 아비 마귀에게서 났으니 너희 아비의 욕심대로 너희도 행하고자 하느니라 그는 처음부터 살인한 자요 진리가

> 그 속에 없으므로 진리에 서지 못하고 거짓을 말할 때마다 제 것으로 말하나니 이는 그가 거짓말쟁이요 거짓의 아비가 되었음이니라"(요 8:44).

일반적으로 사람은 자기 뜻을 최우선으로 생각하며, 자기 중심으로 일을 한다. 사람이 자신의 뜻만을 내세우면 틀림없이 실패하는 인생이 된다. 아담과 하와도 하나님의 뜻을 잊고 자신의 뜻을 따라 행하였기 때문에 죄를 지었다.

죄인의 결말은 영원한 실패이다. 그러나 예수님께서는 늘 하나님의 뜻을 우선하며 하나님의 뜻대로 사셨다. 그분은 일관성있게 하나님의 뜻을 추구하셨다.

> "내가 하늘에서 내려온 것은 내 뜻을 행하려 함이 아니요 나를 보내신 이의 뜻을 행하려 함이니라"(요 6:38).

예수님께서도 육체의 뜻 때문에 고민하신 적이 딱 한번 있었다. 그것은 십자가의 고난을 앞두고 심한 고민이 밀려왔을 때였다.

예수님께서 다음과 같이 기도했다.

> "아버지여 만일 할 만 하시거든 이 잔을 내게서 지나가게 하옵소서."

육체의 뜻은 십자가의 쓴잔을 당하지 않는 것이었다. 그러나 예수님께서는 육체의 뜻을 거두고 하나님의 뜻을 찾으셨다.

> "그러나 나의 원대로 마옵시고 아버지의 원대로 하옵소서"
> (마 26:39).

예수님께서 이 땅에 오신 것은 하나님의 뜻을 이루기 위해서이다. 예수님은 하나님의 마음, 하나님의 말씀, 하나님의 계시를 이 땅에 보이신 분이다.

예수님이 이 땅에 오신 것 자체가 바로 하나님의 뜻이 이루어짐을 의미한다. 그는 율법을 지켰고 의롭게 살았으며 병을 고치셨다. 예수님은 친히 여러 번 하나님의 뜻을 이루기 위해 오셨다고 말씀하셨다.

> "오직 내가 아버지를 사랑하는 것과 아버지의 명하신 대로 행하는 것을 세상이 알게 하려 함이로라"(요 14:31).

> "내가 율법이나 선지자나 폐하러 온 줄로 생각하지 말라 폐하러 온 것이 아니요 완전하게 하려 함이라"(마 5:17).

아버지의 뜻에 순종하는 가장 극적인 장면이 겟세마네 동산의 기도이다.

> "내 원대로 마옵시고 아버지의 원대로 하옵소서."

'아버지의 뜻'을 찾을 때 우리는 일반적으로 의(義), 진리, 사랑 등 추상적인 것을 떠올린다. 추상적인 것을 현실 속에 옮기는 데에는 많은 어려움이 따른다. 하나님의 뜻을 실천하는 데 현실적인 장애물이 많기 때문이다.

　예수님께도 이러한 육체적인 장애물이 있었다. 하나님의 뜻을 위하여 십자가에 달려야 하는 것을 잘 알고 계셨고, 이미 목숨을 바칠 각오가 되어 있었다. 그러나 예수님께도 체포되기 직전에 고통에 대한 두려움이 몰려 왔다. 이러한 고통이 과연 아버지의 뜻인가 하는 질문에 선뜻 대답하기 어렵다. 추상적인 진리를 현실에 구현하고, 형이상학적인 문제를 이 땅에 이루는 데는 그만큼 장애물과 번민이 따른다.

　하지만 예수님은 하나님의 뜻을 처음부터 끝까지 철저하게 순종하며 행하셨다. 예수님은 자신의 뜻보다 하나님의 뜻이 더 우선이라는 것을 알고 계셨으며, 우선적인 것을 행하셨다. 당신의 목숨까지도 내어 놓으시면서 행하셨다.

　이제 우리도 예수님을 본받아 우리의 뜻보다 하나님의 뜻을 소중히 여기며 순종하여야 한다. 하나님의 뜻대로 살기 위해 우리의 뜻을 접어야 한다.

　자신의 뜻을 포기하는 것은 엄청난 고통이 따라온다. 고통이 싫어서 자기 뜻을 고집하는 사람도 있다. 그러나 그 고통은 잠시 뿐이다. 우리의 뜻이 포기되어야 하나님의 뜻이 이루어진다. 하나님의 뜻이 이루어질 때 고통스럽지만 우리의 뜻을 포기한 것이 매우 잘한 일임을 깨닫게 될 것이다.

하나님의 뜻이 이루어지기 원하는 기도

　그렇다면 하나님의 뜻이 이루어지기를 원하는 우리는 어떻게 기도해야 하는가?

　먼저 우리는 주의 성령께서 우리의 마음을 다스려 주시도록 기도해야 한다. 우리가 품고 있는 마음 중에 가장 무서운 마음은 교만한 마음이다. 하나님은 교만한 사람을 미워하시며, 넘어지게 하시고 멸망하도록 내버려 두신다.

> "여호와를 경외하는 것은 악을 미워하는 것이라 나는 교만과 거만과 악한 행실과 패역한 입을 미워하느니라"(잠 8:13).

> "교만은 패망의 선봉이요 거만한 마음은 넘어짐의 앞잡이니라"(잠 16:18).

> "그런즉 선 줄로 생각하는 자는 넘어질까 조심하라"(고전 10:12).

교만에 대한 유혹은 성도 누구에게나 찾아온다. 특히 하나님의 은혜를 많이 받아 순조로운 생활을 하면 교만에 대한 유혹이 특히 더 많이 찾아온다. 사실 성도들이 어려울 때보다, 평안할 때 죄에 대한 유혹이 더 쉽고 강하게 찾아온다.

그러므로 성도들은 교만이 틈을 타지 못하도록 하나님께서 자신의 마음을 다스려 주시기를 기도해야 한다.

하나님께서는 이기적인 마음, 불평과 불만의 마음을 싫어하신다. 이기적인 마음이란 이웃의 불행이나 사정 따위는 전혀 고려하지 않고 오직 자신의 행복만을 추구하는 마음이다(눅 12:16-21).

예수께서는 자기와 관련이 없는 이웃의 불행일지라도 무관심하고 그들과 아픔을 외면한다면 하나님의 심판대 앞에서 책망을 받을 것을 말씀하셨다(마 25:34-43).

이기적인 마음도 누구에게나 보편적으로 찾아오는 유혹이다. 따라서 성도들은 자신의 이기적인 마음의 포로가 되지 아니하도록 하나님께 간구해야 한다. 이기적인 마음을 다스리지 못할 때 인간은 하나님으로부터 버림을 받고 큰 실패와 좌절을 맛보게 될 것이다. 왜냐하면 이기적인 마음은 불평과 불만을 낳기 때문이다. 불평 불만이 마음을 다스리면 내적인 확신과 자신감이 떨어지고, 인간 관계의 갈등을 낳게 되는 것이다.

우리의 마음이 염려와 근심 걱정으로 가득하면 하나님의 뜻을 따르기 어렵다. 이에 성경은 다음과 같이 증거한다.

> "아무 것도 염려하지 말고 다만 모든 일에 기도와 간구로 너희 구할 것을 감사함으로 하나님께 아뢰라 그리하면 모든 지각에 뛰어난 하나님의 평강이 그리스도 예수 안에서 너희 마음과 생각을 지키시리라"(빌 4:6-7).

만족스럽지 못한 상황에서 근심이 지나치면 마음의 평안을 유지할 수 없으며 하나님께 감사할 수도 없다. 그리고 이것은 새로운 불행의 씨앗이 된다.

그러나 하나님께서 우리의 마음을 다스려 주실 때는 상황 변화에 상관없이 하나님께 감사할 수 있다(욥 1:21; 단 6:10; 행 16:25). 이것은 불행을 행복으로 바꾸는 전환점이 될 것이다.

또한 우리는 우리의 마음 속에 주의 성령이 내주하시기를 간구해야 한다. 성령은 우리의 마음을 감동하시며, 우리의 죄를 책망하는 일을 하시고, 또한 하나님의 깊은 것이라도 통달하셔서 우리를 진리 가운데로 인도하시는 인격체이시다.

"내가 아버지께 구하겠으니 그가 또 다른 보혜사를 너희에게 주사 영원토록 너희와 함께 있게 하리니"(요 14:16).

"바사의 고레스 왕 원년에 여호와께서 예레미야의 입으로 하신 말씀을 이루시려고 여호와께서 바사의 고레스 왕의 마음을 감동시키시매 그가 온 나라에 공포도 하고 조서도 내려 이르되, 바사 왕 고레스가 이같이 말하노니 하늘의 신 여호와께서 세상 만국으로 내게 주셨고 나에게 명령하여 유다 예루살렘에 성전을 건축하라 하셨나니 너희 중에 그의 백성된 자는 다 올라갈지어다 너희 하나님 여호와께서 함께 하시기를 원하노라 하였더라"(대하 36:22-23).

"그러나 내가 너희에게 실상을 말하노니 내가 떠나가는 것이 너희에게 유익이라 내가 떠나가지 아니하면 보혜사가 너희에게로 오시지 아니할 것이요 가면 내가 그를 너희에게로 보내리니 그가 와서 죄에 대하여, 의에 대하여, 심판에 대하여 세상을 책망하시리라"(요 16:7-8).

"오직 하나님이 성령으로 이것을 우리에게 보이셨으니 성령은 모든 것 곧 하나님의 깊은 것까지도 통달하시느니라"(고전 2:10).

"그러나 진리의 성령이 오시면 그가 너희를 모든 진리 가운데로 인도하시리니 그가 스스로 말하지 않고 오직 들은 것을 말하며 장래 일을 너희에게 알리시리라"(요 16:13).

우리가 하나님의 뜻에 순종하기를 바란다면 하나님께 성령을 간구해야 한다. 성령께서 우리의 문제 가운데, 생활 가운데, 매순간의 결단 가운데 일일이 찾아오셔서 우리를 지도하고 가르치시기를 간구해야 한다.

성령께서 하나님의 뜻에 어긋나는 길로만 가려는 우리의 잘못을 책망하셔서 죄를 깨닫도록 해 주시기를 간구해야 한다. 성령께서 우리를 다스리심으로 하나님의 뜻에는 죽기까지 순종하는 신실한 믿음의 사람이 되게 해달라고 간구해야 한다.

그렇다면 어떻게 해야 하나님의 뜻을 찾을 수 있을까? 우선, 나에게 가장 중요하게 생각되는 것이 무엇인가? 기도하고 묵상하는 가운데서 가장 중요하게 생각되는 것이 무엇인가? 사람에 따라서는 음악이 제일 중요하고, 글을 쓰는 것, 운동, 돈버는 것 등 각자 나름대로 중요한 것을 가지고 있다.

필자의 경우는 설교하는 것이 가장 중요한 일이다. 하나님은 내가 중요하게 생각하는 것 속에 당신의 뜻을 담아 놓으셨다.

그렇다면 나에게 가장 쉬운 일이 무엇인가? 쉽다는 것은 하나님께서 그 방향으로 내게 재능과 달란트를 주신 것이다. 그 일은 이미 하나님께서 준비하시고 허락하신 일이므로 쉬울 수밖에 없다.

오늘 내가 가장 쉽게 할 수 있는 일은 무엇인가? 무엇이든지 자신 있는 것을 하나님의 이름을 위해 사용하면 그것으로 나를 향하신 하나님의 뜻이 이루어지는 것이다. 이 일은 쉬울 뿐만 아니라 즐거움을 준다. 만약에 하기 힘들고 불평이 생긴다면 다시 한번 생각해야 한다. 그러나 그 일을 하기만 하면 즐겁고 미치기까지 할 수 있는 일이라면 열심히 해야 한다. 단 육체의 쾌락을 주는 즐거움이 아니다. 하나님이 원하시는 가치 있는 일에 대한 즐거움이어야 한다. 다른 사람이 잘 하는 것을 부러워하지 말고 내게 주어진 재능을 발견하고 그것에 최선을 다함으로 하나님께서 내게 향하신 뜻을 확인하는 것이다.

하나님은 즉흥적으로 사람을 사용하지 않으신다. 예레미야를 쓰시기 위해 그가 태어나기 전부터 준비하셨고, 바울을 사용하시기 위해 헬라 문화에서 태어나고 율법을 공부하게 하셨다.

모세를 쓰시기 위해 80년을 준비하고 훈련시키셨다. 내게 즐거운 일, 쉬운 일이라도 훈련해야 한다. 일정 기간의 훈련이 지난 후에 능력이 나타난다. 하나님이 나를 훈련시키는 것에 하나님의 뜻이 담겨 있다.

한편 우리는 하나님의 뜻은 다양하다는 것을 알고 기도해야 한다. 하나님은 각 사람에 대한 구체적인 계획을 가지고 계신다. 나에 대한 하나님의 계획은 개별적으로 소중하고 귀한 것이다.

우리 생활과 재능 그리고 열심을 기울이는 것 등 사람마다 다르다. 그러므로 우리는 자기 일에 대해 소중하게 생각하여야 한다. 자기 일을 향한 하나님의 계획과 뜻을 발견해야 한다.

이 땅에는 우리가 해야 할 일이 너무나 많다. 하나님께서 내게 향하신 그 뜻이 무엇인가를 아는 것이 매우 중요하다. 하나님이 알려 주신 길, 하나님이 원하시는 길로 달려가야 한다.

일을 잘 하려면 능력이 필요하다. 한 가지 일이라도 잘하는 능력에 키워지면 또 다른 가능성이 열린다. 우선 내게 주어진 일에 최선을 다하여야 한다. 더 좋은 결과를 얻을 수 있는 방법을 찾아야 한다.

우리의 뜻이 하나님의 뜻과 반드시 같지 않을 수 있다. 나의 생각으로 좋아 보이는 것도 하나님은 다른 것을 원하실 수 있다. 그럼에도 우리는 나의 뜻을 고집하려는 경향이 있다. 하나님의 뜻을 행하다가 내 뜻으로 돌아설 수 있다. 일단 하나님의 뜻이라는 것을 알았으면 한눈팔지 말고 꾸준히 밀고 나가야 한다.

신학생들 중에서도 1학년 마치고 방황하여 좀 쉬다가 들어오고, 또 쉬다 들어오고 하여 갈 지(之)자 걸음을 걷는 학생들을 볼 수 있다. 사실, 꾸준히 훈련해도 쉽지 않은 사역인데 시간 낭비하고 방황하면 그만큼 늦어진다. 하나님의 뜻을 알고 행하려 할 때는 유혹이 있음을 알고 내 뜻을 포기하는 결단이 있어야 한다.

하나님의 뜻을 이룰 때에 희생이 요구된다. 하나님의 뜻은 십자가이다. 그러므로 하나님의 뜻이라면 희생을 즐거운 마음으로 받아들이는 각오가 있어야 한다. 이 믿음이 순종을 낳는다. 하나님의 뜻을 나의 뜻으로 받아들이고 순종하는 사람은 스스로 사랑을 받는 하나님의 자녀임을 증명한다.

> "나의 계명을 지키는 자라야 나를 사랑하는 자니 나를 사랑하는 자는 내 아버지께 사랑을 받을 것이요 나도 그를 사랑하여 그에게 나를 나타내리라"(요 14:21).

하나님은 내게 무엇을 원하시는가? 내게 향하신 구체적인 뜻이 무엇인가? 인간은 하나님의 뜻을 이루는 것이 임무요, 하나님은 그 뜻을 이루는 사람을 보호하시고 축복하신다. 하나님의 뜻을 알고 준행하는 사람은 두려워할 필요가 없다. 하나님이 지키시기 때문이다. 단지 하나님의 뜻에 순종하느냐 아니냐의 문제가 있을 뿐이다. 뜻을 따르는 사람은 반드시 성공한다. 결국 승리와 감사와 찬양이 있을 것이다.

하나님께서는 모든 인류를 사랑하시고 이 모든 인류를 구속하시기를 원하신다. 이 뜻이 이루어지기 위해 전 세계에 복음을 전파되어야 한다.
이것을 통하여 하나님의 뜻이 영적 분야뿐만 아니라 정치 분야·경제 분야·사회 분야·문화 분야·국제 분야… 등 어떤 분야에서든지 하나님의 뜻이 이루어져야 한다.

예수님께서 가르쳐 주신 기도의 자세, 즉 "뜻이 하늘에서 이룬 것 같이 땅에서도 이루어지이다"는 내 뜻을 이루어 달라는 기도가 아니라, 아버지 하나님의 뜻을 이루어 달라는 기도이다.
이 기도는 하나님의 뜻을 중심으로 한 자기 헌신과 하나님의 뜻을 우선하는 겸손을 포함하는 기도이다. 하나님의 뜻이 이루어지게 하는 데 사용되기 원하는 믿음을 포함한다.

너희는 이렇게 기도하라!

기도의 내용 / 생활의 안녕을 위해 기도하라! ∽

오늘날 지구상에는 60억 이상의 인구가 살아가고 있다. 이 많은 사람들이 먹는 식량만도 엄청나다. 그렇다면 60억 인구에게 날마다 먹을 것을 주어서 먹고 살게 하시는 분은 누구인가? 바로 하나님이시다. 간혹 "하나님이 무슨 먹을 것을 주느냐? 나는 내가 벌어먹고 산다."고 큰 소리를 치는 사람이 있다. 그러나 그것은 허풍일 뿐이다. 돈이 있다고 쌀 한 톨 만들어 먹을 수 있는가? 과학자들이 쌀 한 톨 만드는 기술을 발명할 수도 있다. 그러나 하나님이 제공한 재료 없이 사람만의 힘으로 쌀의 종자를 창조할 수는 없다. 더군다나 하나님이 주신 자연적 자원이 없이 공장에서 찍어내듯이 쌀을 만들 수 없다.

예수님께서는 우리에게 주기도문을 통하여 "오늘날 우리에게 일용할 양식을 주옵시고"라고 기도를 가르치셨다. 이는 곧 '일용할 양식'을 하나님께 구하면 하나님은 그 간구를 결코 외면하지 않고 들어 주시는 분임을 의미한다.

하나님은 우리의 몸을 돌보신다. 우리의 먹을 것을 구하면 하나님이 주신다. 음식이 장만되어 있으니 구하기만 하면 주시겠다는 허락이다. 지극히 평범한 것이라도 중요한 것이 있다. 음식이 바로 그런 것이다. 쉽게 얻을 수 있다고 하여 구하지 않는다면 하나님의 주권을 무시하는 행위이다. 하나님이 모든 이에게 허락하셔도 우리는 구해야 한다.

공급자 하나님

하나님은 아버지로서 공급자이시다. 일용할 양식을 달라는 기도는 공급자이신 하나님을 향한 고백이다. 적어도 하루 세 번씩은 아버지께 일용할 양식을 달라고 구하라는 것이다.

하나님은 우리에게 주시는 것을 즐거워 하신다. 자녀가 구할 때, 부모는 들어 주고 공급하는 것이 즐겁다. 하나님은 구하는 사람의 기도를 들으시고 공급하기 위해서 이미 준비해 놓으셨다. 그러므로 구하는 것은 우리의 사명이요, 책임이요, 의무이며 권리이다.

이 얼마나 멋진 일인가? 하나님은 우리 현실을 외면하지 않으신다. 하나님은 우리의 작은 것까지라도 관심을 가지고 계신다.

비만으로 사회 비용이 엄청나게 증가하고 있다. 미국은 세 명 중 한 명이 뚱뚱한 사람으로 건강에 문제가 있다고 한다. 한국 역시 다이어트 열풍이 불고 있다. 다이어트가 커다란 산업으로 발전하였다.

그러나 한편으로는 북한, 아프리카, 동남아시아 그리고 이라크나 아프가니스탄 등 전쟁을 겪는 나라에서는 기근과 굶주림으로 고생하는 사람이 있다. 어떤 사회는 먹을 것이 넘쳐나서 적게 먹으려 하고 어떤 사회는 먹을 것이 부족하다.

다이어트를 하는 사회에서는 건강하게 사는 삶이 중요하고, 굶주린 사회에서는 배불리 먹는 것이 중요하다. 다이어트를 하는 사회는 삶의 질과 평등 그리고 나눔에 관심이 있고, 굶주린 사회에서는 성장에 관심이 있다. 어느 사회든지 가난한 사람이 존재한다. 다이어트가 관심인 나라에서도 가난한 사람이 존재한다. 그들을 위해서 식량이 필요하다.

하나님은 가난한 사람에게 관심을 가지고 계신다. 그래서 나누기를 원하신다. 초대 교회 성도들은 재산을 팔아 가난한 사람들에게 먹을 것을 제공하였다. 어떤 성도들은 자기 집을 개방하여 예배 처소로 제공하고, 신자들에게 먹을 것을 공급하였다.

하나님으로부터 받은 축복을 가난한 성도들과 나눔으로 하나님이 양식을 공급하시는 축복을 실행하였다. 양식만 나누는 것이 아니라 하나님의 말씀도 함께 나누었다. 교회 공동체에서 하나님의 말씀과 육신의 양식을 동시에 해결하였다.

일용할 양식을 위해 기도하라는 예수님의 가르침에서 핵심은 '양식'이다. '양식'은 한 가지만을 의미하지 않는다. 우선 육신을 위해 먹는 양식이 있고, 정신(혼)을 위한 지식의 양식이 있다.

정신도 계속 양식을 먹어야 바른 정신으로 살 수 있으므로 사람은 계속 배워야 한다. 지식을 먹지 않으면 정신도 녹이 생긴다. 또한 영의 양식이 있다. 사람은 영의 양식 곧 하나님의 말씀을 먹어야 영혼이 살 수 있다.

예수님은 다음과 같이 말씀하신다.

> "사람이 떡으로만 살 것이 아니요 하나님의 입으로부터 나오는 모든 말씀으로 살 것이라" (마 4:4).

사람은 한 가지 양식으로만 살 수 없다. 육체의 양식만으로는 살 수 없다. 반드시 영혼의 양식이 필요하다.

하나님은 사람을 영적 양식이 필요한 존재, 영적 양식을 먹어야 하는 존재로 창조하셨다. 하나님께서 사람을 창조하실 때 생기를 불어넣어서 생령이 되게 하셨다.

> "여호와 하나님이 땅의 흙으로 사람을 지으시고 생기를 그 코에 불어 넣으시니 사람이 생령이 되니라"(창 2:7).

하나님은 육신의 양식과 영적 양식을 동시에 공급하신다.
하나님은 이스라엘 백성들에게 만나를 주셨고, 그 이유를 이렇게 말한다.

> "너를 낮추시며 너로 주리게 하시며 또 너도 알지 못하며 네 조상들도 알지 못하던 만나를 네게 먹이신 것은 사람이 떡으로만 사는 것이 아니요 여호와의 입에서 나오는 모든 말씀으로 사는 줄을 네가 알게 하려 하심이니라"(신 8:3).

만나를 주신 이유는 육신의 양식과 영적 양식을 동시에 공급하시는 하나님을 알게 하는 것이며, 사람은 동시에 육신의 양식과 영적 양식을 함께 먹어야 함을 가르치는 것이다.

인간의 영혼을 건강하게 하는 양식은 오직 하나님의 말씀뿐이다. 예수님은 우리들에게 하나님의 말씀으로 양식됨을 가르쳐 주셨다. 그리고 스스로 우리를 위한 영적 양식이 되었다.

예수님은 요한복음 6장 51절에서 "나는 산 떡이다"라고 말씀하심으로 예수님 자신이 떡이 되고 양식이 되심을 선언하셨다. 그러므로 예수님은 우리들의 영적 생명을 살리신 분이며, 영적 생명을 유지하도록 도우시는 공급자이시다.

세상에는 육신의 양식만을 섭취하는 영적 영양실조에 걸린 사람들이 있다. 그들은 영혼의 중요성을 알지 못한다. 하나님을 알지 못하는 사람이므로 하나님을 영화롭게도 하지 않는다. 자기를 영화롭게 하려다가 갈등하고 싸우고 범죄한다. 성도는 영혼의 양식인 하나님의 말씀을 먹고 사는 사람들이다. 그것도 풍족하게 섭취해야 한다. 매일매일 하나님의 말씀을 가까이하고 말씀으로 풍성하고도 강건한 생활의 에너지를 삼아야 한다.

우리에게, 공동체를 향한 축복

"오늘날 우리에게 일용할 양식을 주옵시고"라는 예수님의 가르침 속에 '우리에게'라는 말에 관심을 가져보라. 예수님께서는 '우리에게'라는 단어로서 하나님이 한 사람이 아니라 공동체를 향해 축복하시는 분임을 암시하셨다.

개인주의가 발달하면서 자기 혼자만 잘 사는 것, 부정한 방법으로 재산을 축적하는 욕심을 가진 사람들이 있다. 이런 사람들에게 공동체와 이웃이 눈에 들어오지 않는다. 그러나 예수님은 일용할 양식을 확보하지 못하고 살아가는 이웃을 향한 관심과 그들의 양식 확보를 위해 간구할 의무가 있음을 우리에게 가르쳐 주셨다.

'우리에게'라는 표현은 예수님께서 가르치신 주기도문에 담겨 있는 '기도의 정신'이 무엇인가를 말해준다. 주기도문의 숨은 교훈은 '우리의 정신'이요, '공동체의 정신'이다.

예수님께서는 우리를 사랑의 공동체로 부르셨다. 예수님은 누구든지 하나님의 뜻대로 행하는 자들은 한 형제요 자매라고 말씀하셨다.

> "새 계명을 너희에게 주노니 서로 사랑하라 내가 너희를 사랑한 것 같이 너희도 서로 사랑하라 너희가 서로 사랑하면 이로써 모든 사람이 너희가 내 제자인 줄 알리라"(요 13:34-35).

> "누구든지 하나님의 뜻대로 하는 자는 내 형제요 자매요 어머니이니라"(막 3:35).

성도들 사이에는 '우리'의 개념이 강해야 한다. 나와 너의 구분으로 서로를 떨어뜨리는 것은 예수님의 정신과 다른 것이다. 주기도문에서 '우리'라는 단어가 유난히 많이 사용되고 있는 것은 이같은 공동체 정신을 뒷받침해 주는 것이다. 이는 '나에게 일용할 양식이 필요하듯이 이웃에게도 일용할 양식이 필요하다는 정신'이다.

예수님께서 불필요한 과다한 부의 확보를 위해 기도하지 말고, "일용할 양식을 위해 기도하라"고 명하신 것도 사실은 이러한 공동체 정신 때문이다.

다시 말해서 내가 필요 이상으로 많이 소유할 때 그만큼을 누군가가 소유하지 못하게 된다면 그들을 위해서도 필요한 "일용할 양식을 구하라"고 명하신 것이다.

이 땅에 굶주리는 사람들이 많다. 이는 하나님께서 주신 양식이 부족해서가 아니라, 공동체 정신이 부족하기 때문이다.

성 프란시스는 이런 말을 했다.

> "배고픈 사람이 무엇을 달라 하면 언제나 주어라. 그 사람이 남의 것을 달라는 것이 아니고 자기 것을 달라고 하기 때문이다."

성도들은 '나만 살면 된다'는 이기주의적 발상을 떨쳐버려야 한다. 사람과 더불어 살아야 나도 살고, 우리도 살기 때문이다. 자기만 알고 우리와 공동체를 모르기 때문에 사회가 점점 불평등으로 치닫는다.

하나님을 잘 믿는다는 서구 사회에서도 불평등이 있었다. 사실은 하나님을 바르게 믿지 못하기 때문이었다. 자기만 살면 되고 남이야 살든지 죽든지 무관심한 사회를 개혁하겠다고 한 때 공산주의 운동이 일어났었다. 그러나 공산주의는 실패하였다. 인간의 힘으로 강제로 나누지만 버는 즐거움과 나누는 보람을 파괴했기 때문이다. 그 결과로 경제적 피폐가 오고 공산주의 국가에서 실패하였다.

자본주의 사회 또한 복지국가 건설을 위해 힘쓰지만 여전히 사회적 불평등이 있다. 오늘의 사회는 자기만 잘 살겠다고 결코 잘 살아지지 않는다. 도적과 강도가 생겨나고, 그 때문에 생명의 위협을 받으며 불안과 공포에서 사는 사람이 있다. 소위 잘 산다는 나라가 더 그렇다. 그러므로 이웃들도 함께 잘 살아야 자기도 잘 사는 것이라 할 수 있다. 성도는 나의 일용할 양식을 구할 뿐 아니라, 우리 모두에게도 일용할 양식을 부족함 없이 달라고 기도해야 할 것이다.

세계는 이미 공동체라는 의식이 자라고 있다. 세계화는 선진국만의 정책이 아니다. 지구촌은 어느 한 나라만 잘 산다고 되는 것이 아니다. 이제는 국가간에도 함께 잘 살아야 한다. 수출과 수입도 공산품뿐만이 아니라 농수산물까지 완전 개방화시대로 가고 있다. 앞으로는 어느 한 나라만 잘 살려고 하면 함께 곤경을 겪게 될 것이다. 이제는 전 세계 민족이 함께 '우리'라는 개념을 가지게 될 것이다.

학자들과 연구원들은 새로운 기술을 연구하고 기업은 그 연구로 산업을 일으키며 고용을 창출한다. 미래 세계에는 정보기술(I.T산업), 생명과학기술(바이오산업), 나노기술(초전도체산업)이 발전할 것이다. 이런 기술과 산업이 인류를 잘 살게 하는 것이어야 한다.

기술과 산업들을 하나님이 주신 일용할 양식의 개념으로 이해해야 한다. 그래야 기술과 산업을 발전시키되 인간의 욕망이 아닌 하나님의 축복을 나누는 도구가 될 것이기 때문이다. 기업 윤리, 생명 윤리를 말하는 것도 이 때문이다.

그럼에도 여전히 세계 속에는 전쟁이 끊이지 않는다. 무기를 사용하여 살상하는 전쟁은 물론이고, 경제전쟁, 지식전쟁, 기술전쟁, 정보전쟁이 가속화되고 있다.

하나님의 뜻은 경제, 지식, 기술, 정보를 사용하여 사람들의 삶 속에 하나님의 지혜가 실현되고 공동체가 함께 잘 살기를 바라는 것이다. 만약 첨단전쟁으로 인해 사람들 사이에 불의가 가득하게 된다면 하나님이 기술을 축복이 아닌 저주로 사용할 것이다.

일용할 양식

한편 '일용할 양식'(daily bread)은 1개월 분이나 1년 분의 양식이 아니라 날마다의 양식을 의미한다. '일용할'의 뜻은 '날마다 필요한 적당한' 등의 의미를 가지는 형용사이다. 곧 '하루하루 쓰기에 적당한 양식'이다. 이는 곧 매일의 생활을 주님께 의지하고 살아가라는 의미를 담고 있다. 사람은 매일 하나님을 의지하며 살아야 한다.

하나님의 섭리는 오묘하다. 하나님의 하시는 일을 사람들이 볼 때에 이해할 수 없고, 어떤 때는 야속하게 생각될 수 있다. 그러나 하나님의 섭리를 하나하나 음미해 보면 우리의 생각보다 훨씬 더 높다. 일용할 양식을 얻는 것도 마찬가지이다.

우리는 매일 먹는 음식, 되풀이되는 생활 때문에 무료하다고 할 수 있으나, 하나님은 우리를 매일 새롭게 하신다. 매일 아침 하나님을 만나는 새로움, 일용할 양식을 주심으로 우리를 돌보시는 하나님을 경험할 수 있기 때문이다.

그러므로 매일의 양식은 날마다 새로운 하나님의 섭리를 발견하게 되는 것이며, 하나님의 살아 계심을 매일매일 체험하는 하나님의 축복 방법이다.

매일의 양식은 하나님이 우리를 실제적으로 도우시며, 우리는 늘 하나님과 늘 교제하고 대화하는 것을 기쁨으로 삼는 이유이다. 먹으며 감사하고, 양식을 주신 하나님께 감사하고 나눌 수 있는 행복과 보람을 허락하신 하나님께 감사한다.

출애굽한 이스라엘 백성들이 광야에서 일용할 양식을 하나님으로부터 받았다. 하나님이 이스라엘 백성들에게 매일 만나를 내려 주셨다. 하나님이 이스라엘 백성들 모두 먹을 수 있도록 풍성히 주셨다. 이스라엘 백성들 가운데는 많이 거둔 자도 있고, 적게 거둔 자도 있었다. 그들은 필요한 만큼 얻을 수 있었다.

> "오멜로 되어 본즉 많이 거둔 자도 남음이 없고 적게 거둔 자도 부족함이 없이 각 사람은 먹을 만큼만 거두었더라"(출 16:18).

하나님은 누구에게나 똑같이 주고 싶어 하신다. 만나를 내려 주신 것이 그 증거이다. 바로 이것이 공동체의 정신, 예수님께서 가르쳐 주신 '기도의 정신'이다. 내가 능력이 뛰어나 많은 것을 벌었다고 그 모두를 자신의 소유로 삼으려 한다면 그것은 그리스도의 정신과 위배된다.

그리스도의 정신은 나누는 데 있다. 많은 것을 벌어들임은 하나님이 자기에게 능력을 주셨기 때문이고 돈을 벌도록 환경을 조성하시며 사람을 만나게 하셨기 때문이다.

그러므로 돈을 벌었다면 당연히 하나님께 감사해야 한다. 그리고 자기에게 돈을 벌게 한 사람들에게 감사해야 한다. 감사한 생각을 가지고 있으면 나눌 수 있다. 하나님께서 많이 주신 것은 많이 나누라는 이유가 있기 때문이다.

만약 나눔의 정신이 없이 욕심만 채우는 기도를 한다면 이기적인 기도이다. 이런 기도는 사람의 욕구만을 채우는 도구로 전락한다. 하나님과의 대화 방법을 변질시키고 왜곡시키는 것이다. 그의 이기심을 하나님이 좋아하시지 않는다. 하나님의 뜻대로 살지 않는 사람에게는 그에 상응한 책망이 있을 것이다.

우리 인간은 영혼과 육신을 가지고 있다. 하나님은 육을 위하여 육에 필요한 모든 것을 지으셨다. 하나님은 사람을 지으시기 전에 사람에게 필요한 모든 것을 먼저 창조하셨다. 하나님은 우리 영혼을 위해서도 생명의 양식을 예비해 놓으셨다. 이처럼 사람은 하나님으로부터 이미 은혜를 받았다. 육신을 가진 사람이 정상적으로 살아가도록 하나님이 육신의 양식을 공급하신다.

사람은 하나님의 공급하심을 믿지 못하고 양식 때문에 범죄할 수 있다. 사람은 '오늘의 양식'을 과하게 확보하고 있느냐, 아니면 아예 확보하지 못하고 있느냐에 따라 각각 죄를 범할 가능성이 있다. 양식을 많이 확보하면 스스로 만족하여 하나님을 잊고 쾌락을 추구하려 한다.

예수님께서는 어리석은 부자의 비유로 말씀하셨다. 풍족히 거두고 스스로에게 쉬고 놀자고 말했지만 그 밤에 하나님이 영혼을 거두어 가신다면 그 추수한 것을 누릴 수 없다.

"하나님은 이르시되 어리석은 자여 오늘 밤에 네 영혼을 도로 찾으리니 그러면 네 준비한 것이 누구의 것이 되겠느냐 하셨으니"(눅 12:20).

반면에 너무 가난해도 죄를 지을 가능성이 있다. 노력해서 얻는 것이 아니라 남의 것을 불의한 방법으로 뺏는 사람도 있다. 자기가 가진 것에 대해 만족하지 못하고 다른 사람과 자신을 비교하면 상대적 박탈감으로

낮은 자존감을 가지거나 범죄의 저지를 가능성이 높다.

신자가 가난하면 불신자로부터 조롱을 받으며 하나님의 이름을 욕되게 하는 빌미를 제공할 수 있다. 이에 성경은 다음과 같이 증거한다.

> "나를 가난하게도 마옵시고 부하게도 마옵시고 오직 필요한 양식으로 내게 먹이시옵소서 혹 내가 배불러서 하나님을 모른다 여호와가 누구냐 할까 하오며 혹 내가 가난하여 도둑질하고 내 하나님의 이름을 욕되게 할까 두려워함이니이다"
> (잠 30:8-9).

필자는 개인적으로 이 구절을 묵상할 때마다 세 가지 생각을 가진다. 첫째, 나는 내일 일은 내일 하나님께서 책임져 주신다는 믿음을 가진다. 둘째, 나는 매일의 양식은 그것이 무엇이든 하나님께서 주시는 것으로 여기고 감사히 받는다. 셋째, 물질로 인해 하나님께 죄를 범하지 않겠다.

물질이 지나치게 많을 때에 범하게 되는 죄는 '망각의 죄'이다. 배가 부를 때 사람은 충족하게 채워 주신 하나님의 은혜를 망각하며, 배가 부를 때 마땅히 해야 할 하나님의 사명을 망각한다. 이런 경우에 하나님의 축복이 오히려 하나님의 저주가 되기 때문에 솔로몬이 지나친 부를 경계하였다.

'오늘의 양식'이 아예 확보되지 못할 때 성도들이 지을 가능성이 있는 죄는 '원망의 죄'이다. 또 이 세상에서 '하나님의 이름을 욕되게 하는 죄'를 지을 수도 있다.

따라서 이 죄를 면키 위해서는 일용할 양식의 간구와 함께 그 양식을 얻기 위해 땀을 흘려야 한다. 일용할 양식을 위한 예수님의 기도 명령에는 노동의 명령도 포함되어 있다.

일용할 양식을 하나님께 구한다는 것은 우리가 하나님 의존적 생활을 하는 것이다. 성도들은 하나님께 일용할 양식을 구해야 한다. 일용할 양식을 얻을 때마다 하나님을 의존하는 자기를 확인해야 한다.

노동과 나눔 그리고 믿음

그렇다면 우리는 일용할 양식을 얻기 위해 어떻게 해야 하는가? 양식을 얻으려면 노동을 해야 한다. 죄인된 사람이 양식을 얻으려면 땀을 흘리고 수고해야 한다. 일용할 양식을 얻는 것이 쉽지 않다. 농부는 밭에서 자라는 가시와 엉겅퀴 때문에 고생한다.

불경기 때는 근로자가 일한 삯을 받지 못할 수 있다. 기업인은 기업 운영에 애를 먹을 수 있다. 모두가 죄인된 사람이 세상에 살면서 겪어야 할 고통이다. 사실은 하나님께서 범죄한 아담에게 주신 책망이 이 땅에 이어지기 때문이다.

> "땅은 너로 말미암아 저주를 받고 너는 네 평생에 수고하여야 그 소산을 먹으리라 땅이 네게 가시덤불과 엉겅퀴를 낼 것이라 네가 먹을 것은 밭의 채소인즉 네가 흙으로 돌아갈 때까지 얼굴에 땀을 흘려야 먹을 것을 먹으리니" (창 3:17-19).

이런 어려움 중에 매일의 양식을 얻을 수 있도록 땀을 흘리고 일할 기회가 있는 것이 얼마나 감사한가? 어떤 사람들은 일하고 싶어도 시켜 주지 않아서 못한다. 어떤 사람들은 건강이 따라 주지 않아서 못한다. 대학을 졸업하고도 몇 년 째 취직을 못하는 젊은이들이 있다. 불경기로 직장에서 내몰리는 사람들이 있다. 젊은 나이에 명예 퇴직을 당하고 정신적 공황으로 방황하는 사람들이 있다. 그렇다면 노동조차도 '하나님께서 그 환경과 조건을 조성해 주셨다'는 고백과 감사의 조건이다.

그러므로 어떤 것이 일용할 양식으로 주어지든 그것을 최선의 것으로 여기며, 감사함으로 받아야 한다. 감사하게 받는 사람에게 더 좋은 기회가 주어진다.

감사하는 사람에게 하나님이 필요한 것으로 더 채우신다. 일용할 양식을 구하며 열심히 일하여야 한다. 감사와 자족의 삶을 살아야 한다. 구제와 나눔의 책임을 가져야 한다.

예수님께서 '일용할 양식'을 구하라고 명하심은 하나님께서 성도들의 생활을 책임지실 것이므로 장래 일에 대하여 '염려하거나, 걱정하지 말라'는 권고를 담고 있다. 예수님께서는 주기도문에 뒤이어 걱정하지 말 것을 말씀하셨다.

> "그러므로 내가 너희에게 이르노니 목숨을 위하여 무엇을 먹을까 무엇을 마실까 몸을 위하여 무엇을 입을까 염려하지 말라 목숨이 음식보다 중하지 아니하며 몸이 의복보다 중하지 아니하냐 공중의 새를 보라 심지도 않고 거두지도 않고 창고에 모아 들이지도 아니하되 너희 하늘 아버지께서 기르시나니 너희는 이것들보다 귀하지 아니하냐 너희 중에 누가 염려함으로 그 키를 한 자라도 더할 수 있겠느냐 또 너희가 어찌 의복을 위하여 염려하느냐 들의 백합화가 어떻게 자라는가 생각하여 보라 수고도 아니하고 길쌈도 아니하느니라 그러나 내가 너희에게 말하노니 솔로몬의 모든 영광으로도 입은 것이 이 꽃 하

> 나만 같지 못하였느니라 오늘 있다가 내일 아궁이에 던져지는 들풀도 하나님이 이렇게 입히시거든 하물며 너희일까보냐 믿음이 작은 자들아 그러므로 염려하여 이르기를 무엇을 먹을까 무엇을 마실까 무엇을 입을까 하지 말라 이는 다 이방인들이 구하는 것이라 너희 하늘 아버지께서 이 모든 것이 너희에게 있어야 할 줄을 아시느니라 그런즉 너희는 먼저 그의 나라와 그의 의를 구하라 그리하면 이 모든 것을 너희에게 더하시리라 그러므로 내일 일을 위하여 염려하지 말라 내일 일은 내일 염려할 것이요 한 날의 괴로움은 그 날로 족하니라"(마 6:25-34).

광야에서 이스라엘 백성들이 만나를 거두어들였을 때 하나님이 모세를 통해 다음과 같이 말씀하셨다.

> "아무든지 아침까지 그것을 남겨두지 말라"(출 16:19).

하나님께서 이스라엘 백성들에게 매일 양식을 주실 것이므로 백성들은 다음 날 것까지 미리 저장할 필요가 없다. 그런데 믿지 않는 사람들이 욕심껏 거두어 들였다. 하지만 다음 날 아침 만나는 다시 내렸고, 이전 날 거둔 것은 벌레가 생기고, 냄새나며 썩어서 버릴 수밖에 없었다.

이들은 이러한 그들의 양식 비축이 얼마나 어리석은 행동이었으며, 내일의 양식을 걱정한 사람들의 염려가 빗나갔다는 것을 여실히 알게 되었다.

이 사건으로 이스라엘 백성들은 하나님께서 매일 양식을 허락하심을 완전히 믿게 되었다. 하나님께서 그 백성들의 삶은 온전히 책임지심을 확신하게 되었다.

일용할 양식은 돈과 관련이 있다. 농경 시대에는 일용할 양식이 농산물로 한정될 것이다. 그런데 산업사회, 기술 사회, 정보사회에서는 돈이 필수적인 요소이다.

일용할 양식이란 필요한 경제력을 의미한다. 따라서 일용할 양식을 달라는 기도는 필요한 경제력을 확보하는 능력과 기회를 달라는 간구이다. 돈을 사랑하지는 않고 돈을 바르게 사용하는 능력을 달라는 간구이다. 이렇게 기도하는 사람은 깨끗하고 멋진 사람, 돈이 많아 부자가 아니라 멋진 생각과 신앙을 가진 부자가 될 것이다.

사람들은 돈을 벌어 부자가 되고, 그것으로 자기 과시를 하며 돈으로 미래를 보장하려 든다. 이 사회가 이미 그렇게 되었다. 적금과 연금을 들고 또 보험을 계약하는 것 모두 노후 혹은 위험한 일을 만났을 때 돈이 있으면 염려를 덜 할 수 있다는 생각에서이다.

노후를 위해서 연금에 들어야 하는 것은 마땅하다. 그러나 이것은 걱정이 아니라 보다 안정된 생활을 위한 선택이다. 보험도 갑작스런 위기를 만날 때 쉽게 해결하기 위한 대비책이다.

한편 선택이나 대비책의 개념이 아니라 돈을 사랑하는 사람, 돈을 인생의 목적과 가치로 두는 사람이 있다. 오로지 돈만을 신뢰하며 사는 사람이 있다. 돈을 신뢰하며 살 때 사람은 돈의 노예가 된다. 돈은 사람이 다스려야 할 영역이지 결코 노예가 되어서는 안 되는 영역이다. 돈이 수중에 없으면 염려하고 걱정하는 것이 당연하다. 그러나 하나님은 염려와 걱정마저도 하나님께 맡기는 믿음을 요구하신다.

바울은 돈을 사랑함이 일만 악의 뿌리가 된다고 했다(딤전 6:10). 돈 때문에 다투고, 돈 때문에 경쟁하며 미워하고 갈등하는 일이 없어야 한다. 돈이 반드시 필요한 것이지만 돈을 하나님의 자리에 둘 수는 없다.

돈이 많으면 좋은 것이지만 그렇다고 많다는 것을 자랑할 필요는 없다. 돈은 하나님이 주시는 축복의 한 종류이기 때문이다. 많다는 것은 감사하고 나누어야 할 의무를 가졌다는 것이다.

서구 사람들은 지위가 높거나 돈이 많으면 그에 합당한 의무가 있다고 믿는다. 이른바 '노블레스 오블리주(nobless oblige)'라는 단어이다. 미국 사람들은 부자들이 기부를 많이 한다. 록펠러 일가는 돈을 많이 번만큼 기부를 많이 했다.

록펠러 3세는 평생 150억 달러를 기부하는 것이 목표라 한다. 그는 자신의 80세 생일을 맞이해서 20억 달러를 기부함으로 평생 150억 달러 기부 목표를 달성했다. 컴퓨터 황제라 불리는 빌 게이츠도 그동안 자신이 번 돈의 절반을 제 3세계, 환경, 교육, 기술 개발, 의료 등을 위해 기부했다. 그러고도 그는 여전히 세계에서 가장 부자이다.

돈을 신뢰하면 악한 부자가 된다. 부자가 되려면 선한 부자여야 한다. 즉 돈이 필요하다는 것과 선하게 사용하는 방법을 아는 것이다. 돈을 사랑하지 않는 부자이다. 웨슬레는 이같이 말했다.

> "열심히 일해서 벌라. 그리고 보다 많이 저축하라. 마지막으로 모은 돈으로 할 수 있는 한 남을 도와 주라."

그의 이 말을 성도들의 경제 관념을 정립하게 해 주는 말이다.

성도들은 돈이 아니라 하나님의 입으로 나오는 말씀으로 사는 존재들이다. 예수님도 먼저 하나님의 나라와 그의 의를 구하라고 명령하셨다. 돈과 양식이 하나님 나라를 전하는 일에 사용되도록 구하고 실천해야 한다.

바울 사도는 복음을 전하며 자신의 직업 생활을 한 적이 있었다. 이른바 텐트 메이커인데 자비량 선교 혹은 전문인 선교를 의미한다. 하나님은 바울의 선교를 위해 필요한 사람, 필요한 물질, 필요한 장소 그리고 구제를 위한 헌금을 허락하셨다. 바울의 선교가 성공하기 위해 필요한 지혜도 주셨다. 바울의 선교 사역에서 공급되는 모든 것이 사실은 일용할 양식이다.

일용할 양식의 근원은 하나님이시다. 생각해 보라! 곡식의 씨앗도 하나님이 주셨고, 땅도 하나님이 주셨다. 곡식이 자랄 수 있도록 땅에 필요한 거름도 하나님이 주셨다. 곡식이 결실할 수 있는 여건 즉 태양·빛·이슬·비·바람 등 모두 하나님이 주셨다. 농부가 때에 맞추어 밭을 갈고, 씨를 뿌리며, 김매고 잡초를 제거하며 추수를 하는 지혜와 노동력도 하나님이 주신 것이다.

가을 들녘에는 벼가 익어 황금 벌판을 이룬다. 과수원에는 과일들이 열려 있는데 마치 보석들이 주렁주렁 매달린 것 같다.

우리가 양식을 사려면 농부들이 수고한 대가, 농사짓는 데 들어간 경비, 상인들이 운반해 오는 운반비를 지불하여야 가능하다. 즉 농부와 도매상인, 운송업자, 우리들이 경제 활동을 통해 연결되어 있다. 하나님은 이러한 경제 활동을 보고 계신다. 이런 경제 활동 속에도 하나님이 간섭하신다.

성경은 다음과 같이 증거한다.

"여호와께서 너희 땅에 이른 비, 늦은 비를 적당한 때에 내리시리니 너희가 곡식과 포도주와 기름을 얻을 것이요 또 가축

을 위하여 들에 풀이 나게 하시리니 네가 먹고 배부를 것이
라"(신 11:14-15).

하나님이 허락하심으로 우리가 산다. 사람이 아무리 노력해도 하나님이 허락하시지 않고 흉년 들게 하면 사람은 곡식 한 톨조차도 거둘 수 없다. 그러므로 일용할 양식은 하나님이 주신다. 사람뿐만 아니라 모든 동물의 생명이나 생물의 생명이나 식물의 생명까지도 하나님께서 다 먹여 살리시고, 기르신다.

경제 활동과 농사를 짓는 것에 우리의 의무가 있다. 하나님께서는 우리에게 양식을 주시지만, 씨를 뿌리고, 곡식을 거두어들이는 추수의 수고는 우리가 해야 한다.

하나님께서는 우리에게 씨를 주시고, 땅을 주시고, 비를 주시고, 공기를 주셨다. 우리에게 머리, 눈, 손과 발, 젊음, 힘, 오곡백과를 다 주셨다.

그것을 적절히 사용하고, 거두는 수고 감사하며 나누는 수고는 우리의 몫이다. 우리가 수고하지만 사실은 하나님이 원하시는 일이며, 하나님의 일을 하는 것이다.

성경은 다음과 같이 증거한다.

"여호와를 경외하며 그의 길을 걷는 자마다 복이 있도다 네가
네 손이 수고한대로 먹을 것이라 네가 복되고 형통하리로다"
(시 128:1-2).

하나님은 수고한대로 먹을 것을 주기 원하신다. 그러나 입만 벌리고 기도만 하면 하나님께서 밥을 입까지 넣어 주시는 것이 아니다. 수저를 들

고 입에 넣고 밥을 씹는 수고는 우리가 해야 한다. 따라서 예수님께서 가르쳐 주신 '주기도문'이 주는 교훈은 열심히 일하라는 의미를 포함한다.

일하는 순종, 하나님의 말씀에 순종할 때 하나님이 일한 것 이상의 축복을 주신다. 일한 것 이상의 축복을 받을 자격과 여건을 갖춘 사람에게 하나님이 허락하신다.

하나님의 말씀에 순종하는 백성들에게 이같은 축복이 내려진다.

> "네 하나님 여호와께서 네 조상 아브라함과 이삭과 야곱을 향하여 네게 주리라 맹세하신 땅으로 너를 들어가게 하시고 네가 건축하지 아니한 크고 아름다운 성읍을 얻게 하시며 네가 채우지 아니한 아름다운 물건이 가득한 집을 얻게 하시며 네가 파지 아니한 우물을 차지하게 하시며 네가 심지 아니한 포도원과 감람나무를 차지하게 하사 너로 배불리 먹게 하실 때에"(신 6:10-11).

하나님이 주신 축복을 바르게 사용해야 할 책임이 우리에게 있다.

일용할 양식을 위해 기도하자! 공동체가 함께 잘 먹고 잘 살 수 있도록 기도하자! 가정 공동체, 교회 공동체, 지역 공동체, 사회 공동체, 국가 공동체, 나아가 세계 공동체가 잘 살도록 기도하자! 물론 하나님은 이미 우리에게 필요한 것을 아신다. 그래도 우리는 구해야 한다.

아이들이 때가 되면 엄마가 밥을 줄줄 알면서도 엄마에게 "배고파 밥 주세요"라고 말하는 것과 같은 것이다.

이처럼 하나님의 자녀 된 우리들도 하나님 아버지께 "일용할 양식을 주십시오"라고 기도해야 한다. 내 양식뿐만 아니라 우리 모두의 양식을 위해 함께 구하는 믿음의 기도가 필요한 것이다.

하늘에 계신 우리 아버지여
이름이 거룩히 여김을 받으시오며
나라이 임하옵시며
뜻이 하늘에서 이룬 것 같이
땅에서도 이루어지이다
오늘날 우리에게 일용할 양식을 주옵시고
우리가 우리에게 죄 지은 자를 사하여 준 것 같이
우리 죄를 사하여 주옵시고
우리를 시험에 들게 하지 마옵시고
다만 악에서 구하옵소서
대개 나라와 권세와 영광이
아버지께 영원히 있사옵나이다 아멘.

너희는 이렇게 기도하라!

기도의 자세 Ⅰ / 죄 지은 자를 용서하라!

　　　　　　　　　　예수님께서 가르쳐 주시는 기도는 하나님과의 관계에서 사람과의 관계로 넘어간다. 가장 먼저 '죄를 사하여 주옵시고 악을 제거해 달라는 청원'이다.

　우리에게 일용할 양식이 필요한 만큼 용서와 사랑도 필요하다. 예수님은 기도를 통해 하나님의 용서와 자비 그리고 사람들 사이에 하나님의 용서와 자비가 실현되어야 함을 가르치신다.

　성도들에게서 가장 기쁨이 되는 축복의 말씀을 고르라면 무엇을 고를까? 그 말씀을 통해 당신의 내면에 들려진 은혜가 무엇인지를 물으면 무엇을 대답할까?

　마틴 루터는 복음의 은혜를 알면서 믿음으로 의롭게 되는 축복을 누렸다. 이것은 "네 죄를 사했느니라"고 하는 죄 사함을 전제로 한다. 우리가 하나님께로부터 받아야 할 복이 여러 가지 있으나, 반드시 확인하고 누려야 할 축복은 사죄의 축복이다.

예수님이 이 땅에 오신 것도 우리의 죄를 용서하시기 위함이다. 우리가 주님을 찾는 것도 죄의 문제가 해결된다는 부르심 때문이다. 그러므로 우리의 기도 중에 반드시 "하나님이여, 우리의 죄를 사해 주옵소서"라고 하는 청원이 있어야 한다

죄 사함의 기도

우리에게 있는 고통의 이유가 무엇인가? 가난, 명예, 인간 관계, 정욕, 질병 등인가? 아니다. 그런 것들은 고통의 현상일 뿐 근본 원인이 아니다. 우리에게 있는 고통의 근본적인 이유는 죄와 죽음이다. 사람이 사는 동안 사업에 실패할 수도 있고, 질병에 걸릴 수도 있다. 그러나 그것은 고통의 결과이다. 더 큰 고통은 죄의 형벌로서 망한 것 같고, 죄의 결과로 벌을 받은 것 같은 죄책감의 고통이다.

죄책감이 사라지지 않는 한 고통도 사라지지 않는다. 이런 의미에서 "우리가 우리에게 죄 지은 자를 사하여 준 것 같이 우리 죄를 사하여 주옵소서"라고 기도하라는 예수님의 가르침은 죄책감을 사라지게 하는 '복음'이다. 하나님은 용서를 구하는 사람에게 용서의 은혜를 베푸신다. 이미 하나님은 용서를 준비하셨다. 준비하신 분에게 청원한다면 준비하신 그분이 기뻐하시지 않겠는가! 들어 주시면서 기뻐하시지 않겠는가!

용서에는 전제 조건이 있다. 용서받기 위해서는 반드시 먼저 해야 할 일이 있다. 죄책감이 사라지기 위해서 통과해야 할 것이 있다. 그것은 다른 사람의 죄에 관한 자세이다.

내가 하나님으로부터 용서받는 것처럼 다른 사람도 하나님으로부터 용서를 받아야 한다. 내가 용서의 자격을 얻는 것처럼 다른 사람도 하나

님으로부터 용서의 자격을 가지고 있음을 인정해야 한다. 그러므로 이웃이 내게 죄를 지었다면 내가 용서하기 이전에 하나님께서 그를 용서해 주시도록 간구해야 한다.

예수님은 십자가에서 백성들의 죄가 용서되기를 기도드렸다.

> "이에 예수께서 이르시되 아버지 저들을 사하여 주옵소서 자기들이 하는 것을 알지 못함이니이다 하시더라"(눅 23:34).

스데반 집사도 돌에 맞아 죽어가면서 백성들의 잘못을 용서해 달라고 기도드렸다.

> "무릎을 꿇고 크게 불러 이르되 주여 이 죄를 그들에게 돌리지 마옵소서 이 말을 하고 자니라"(행 7:60).

그런데 우리는 가끔 가장 근본적인 문제를 잊어버리고 지엽적인 문제들을 가지고 기도한다. 가족을 위한 기도, 사업을 위한 기도, 인간 관계를 위한 기도도 중요하다. 그러나 그것은 죄 사함을 위한 기도 이후여야 한다. 하나님은 죄를 용서받고 또 용서하는 기도를 원하신다. 그 기도의 응답으로 죄의 문제가 해결되기 때문이다. 죄의 문제가 해결되고서야 진정한 내적 평화를 얻으며, 신앙의 성장을 이룰 수 있다.

예수님께서 이 기도를 통해 우리에게 무엇을 요구하고 계신가?

> "우리가 우리에게 죄 지은 자를 사하여 준 같이 우리 죄를 사하여 주옵시고."

우리가 우리에게 죄 지은 자를 용서하는 정도가 곧 내가 하나님으로부터 용서를 받는 정도이다. 어떤 사람은 자기와 감정이 좋지 않은 사람을 향해 하나님이 벌하시도록 기도한다고 말한다.

형제의 죄를 용서하지 못하면서 기도한다면 '내 죄도 용서하지 마옵소서'라고 말하는 것과 같다. 그러므로 용서의 기도는 반드시 드려야 하는 절대적 책임감을 가진 기도지만 동시에 힘든 기도이다.

사람 사이에 일어나는 불편한 문제들을 사실 하나님이 달가워하지 않으신다. 하나님 앞에 서려는 사람은 반드시 사람과의 관계도 생각해야 한다. 사람과의 관계성에서 깨끗하고 거룩함을 가지고 그 상태로 하나님 앞에 서야 한다. 형제가 나에게 죄를 지었다면 그를 향한 용서의 마음이 있어야 한다.

예수님도 이같이 말씀하셨다.

> "너희가 사람의 잘못을 용서하면 너희 하늘 아버지께서도 너희 잘못을 용서하시려니와 너희가 사람의 잘못을 용서하지 아니하면 너희 아버지께서도 너희 잘못을 용서하지 아니하시리라"(마 6:14-15).

그런데도 사람을 용서하는 마음이 없이 하나님 앞에 나가는 경우가 얼마나 많은가?

하나님은 우리의 죄를 용서하시려고 독생자 예수 그리스도를 보내셨다. 즉 하나님은 용서를 우리에게 보여 주셨다. 그리고 우리더러 이웃을 용서하라고 명하신다.

하나님께서는 우리가 용서하는 모습을 보시고 기뻐하신다. 우리에게 적극적으로 용서를 행하게 하시려고 우리의 용서하는 정도에 따라 용서의 은혜가 체험될 것을 가르치셨다. 죄악이 가득한 세상에서 인류의 행복과 희망의 문을 열 수 있는 열쇠는 결국 '용서'이다.

율법에는 "이에는 이로, 눈에는 눈으로"라는 말이 있다(출 21:24). 어떤 사람들은 이것을 자기를 향해 잘못한 사람에게 받은 만큼 갚으라는 것으로 오해한다.

이것은 성경을 왜곡하는 것이다. 율법의 원래 의미는 공적인 법에 의해 잘못한 만큼만 벌을 주라는 것이다. 법을 집행할 때 공정하게 하라는 의미이다. 그러나 율법마저도 용서받을 여지를 남겨 두었다. 도피성 제도를 정하여 실수로 범죄한 사람이 그리로 피하면 용서받을 기회가 주어지는 것이다.

만약 사람이 자기가 받은 것만큼 다 돌려준다면 어떻게 될까? 은혜를 갚으면 다행이다. 은혜는 반드시 갚아야 한다. 그러나 사람들은 은혜는 잊어버리고 자기를 향한 잘못을 더 잘 기억한다. 그래서 되로 받으면 말로 갚으려 한다. '피에는 피로, 눈에는 눈으로'라는 인간적인 생각은 불행의 악순환을 거듭할 뿐이다.

필자는 개인적으로 중국 무협소설과 무협영화를 좋아하지 않는다. 단순히 액션이나 고전적인 연기가 마음에 들지 않는 것보다 구성과 철학적 문제를 싫어하기 때문이다.

대부분의 중국 영화들은 원수를 갚는 내용이다. 정의와 사랑을 이루기 위한 동기보다 원수를 갚기 위해 칼을 쓰고 인생을 사는 것이다. 어떤 경우는 보물을 차지하려고 싸우는 설정을 한다. 만약 아이들이 이런 장르들만 보고 자란다면 우리 미래가 어떨까? 용서를 모르고 서로 싸우려 들 것이다.

우리가 남을 용서해야 할 이유가 무엇일까? 우리는 모두 용서받아야 할 죄인이며, 하나님께서 우리를 용서해 주셨기 때문이다. 인류의 조상 아담의 범죄로 인하여 모든 인류가 죄인이 되었다. 이것을 신학적인 표현으로 '원죄'라고 말한다.

우리가 태어나 살아가면서 범하는 죄가 있는데 이것을 '자범죄'라고 한다. 어떤 모양의 죄든지 예수 그리스도를 구세주로 믿어 영접함으로 용서함을 받아야 한다. 특히 이미 믿음으로 구원을 받은 성도들도 생활 가운데 범하게 되는 죄가 있을 때 하나님께 자복하며 회개하고 용서받아야 한다.

예수님께서 언급하신 '죄'는 이 두 가지를 다 포함하고 있다. 우리는 예수 그리스도를 믿음으로 단번에 구원받았지만 여전히 용서받아야 할 죄에 노출되어 있다. 하나님은 우리를 꾸준히 용서하신다.

성도의 삶은 하나님의 용서로부터 시작된다. 성도는 하나님의 용서함을 받은 죄인이다. 마틴 루터의 표현을 빌리자면 의인된 죄인이다. 하나님께서는 우리의 모든 죄악을 독생자 예수 그리스도에게 담당시키셨다. 그러므로 우리의 죄는 그를 믿으므로 깨끗이 해결되어진다.

> "여호와께서 말씀하시되 오라 우리가 서로 변론하자 너희의 죄가 주홍 같을지라도 눈과 같이 희어질 것이요 진홍 같이 붉을지라도 양털 같이 희게 되리라"(사 1:18).

하나님의 용서는 우리를 새로운 피조물로 거듭나게 하시는 것이다.

> "그런즉 누구든지 그리스도 안에 있으면 새로운 피조물이라 이전 것은 지나갔으니 보라 새 것이 되었도다"(고후 5:17).

새롭게 태어난 우리는 이제 남을 용서하면서 살아가야 한다. 우리가 남을 용서해 주면서 하나님께서 내게 베풀어 주신 용서의 위대한 힘을 경험할 수 있다. 그리고 우리의 용서함을 받은 사람들은 우리의 모습을 통하여 용서받은 사람들이 죄를 용서하시는 하나님을 발견할 수 있을 것이다.

경영자들은 전략적 제휴라는 경영기법을 사용한다. 이익을 내기 위해서는 적과 제휴할 수도 있다는 것이다. 과거에는 경쟁기업이었고, 어느 한쪽이 망하면 자기 회사가 성장하는 것이었지만 이제는 공정한 경쟁과 전략적 제휴를 통해 함께 성장하자는 것이다. 그것 때문에 과거 불편한 관계를 가졌던 경쟁자들과도 화해하고 손을 잡는다.

어느 한 쪽이 이기고 어느 한 쪽이 지는 제로섬 게임이 아니다. 양쪽 모두 승리하는 윈-윈 게임을 한다. 앞으로는 용서할 줄 아는 사람이 경제적으로도 부유하게 될 것이다. 넓은 마음을 가진 사람이 리더십을 발휘하게 될 것이다. 속이 좁은 사람은 이 사회에서 발을 붙이기가 어려워질 것이다.

그런데 아직도 교회에서 축복만을 강조하고 용서를 가르치지 못한다면 신앙인들이 사회를 다스리기에 역부족일 것이다. 학교가 지식과 기술만 가르치고 사람과의 관계를 가르치지 못한다면 우리의 다음 세대가 세계를 이끄는 지도력을 가지기 어려울 것이다.

가정에서도 공부만을 강조하고 용서를 가르치지 않는다면 아이들을 편협하게 키우는 것이다. 국가도 경쟁력만을 강조하고 화합하는 기술을 개발하지 못한다면 세계를 이끄는 나라가 되기 어려울 것이다. 진짜 가르쳐야 하고 실천되어야 할 것, 그리고 가져야 할 경쟁력은 용서와 화합의 경쟁력이다.

용서의 범위

우리가 얼마만큼 용서해야 할까? 베드로가 예수님께 질문하였다.

"주여 형제가 내게 죄를 범하면 몇 번이나 용서하여 주리이까 일곱 번까지 하오리이까"

베드로 딴에는 일곱 번 정도하면 아주 많이 하는 것이라고 생각했을 것이다. 이 정도 용서하면 베드로가 크게 칭찬받을 것이라고 착각했을지도 모른다. 그러나 예수님께서는 베드로에게 용서의 무한함을 가르쳐 주셨다.

"일곱 번 뿐 아니라 일흔 번씩 일곱 번이라도 할지니라"(마 18:21-22).*

"만일 하루에 일곱 번이라도 네게 죄를 짓고 일곱 번 네게 돌아와 내가 회개하노라 하거든 너는 용서하라"(눅 17:4).

예수님은 일흔 번씩 일곱 번, 즉 490번 이상은 용서하지 말라는 뜻이 아니라 끝까지 용서하라는 의미에서 가르치셨다. 용서는 진정한 사랑이다. 용서는 진정으로 사랑하는 표시이다.

사랑은 용서의 바탕이다. 사랑이 바탕이 되지 못한 용서는 용서가 아니라 묵인이다. 남의 잘못을 눈감아 주는 것과 사랑으로 용서해 주는 것은 근본적인 차이가 있다. 하나님께서는 우리의 잘못을 묵인하지 않으시고 용서해 주셨다.

하나님의 용서에는 독생자를 버리시는 짙은 아픔이 깔려 있다. 그만큼 우리를 사랑하셨기 때문이다. 그러므로 우리도 남을 용서하기 위해서 사랑을 가져야 한다. 예수님이 '네 이웃을 네 몸과 같이 사랑하라'고 명령하셨다.

예수님은 용서에 관하여 빚진 종의 비유를 통해 말씀하셨다. 용서받은 사람이 이웃을 용서치 않는 행위가 하나님의 은혜에 대한 배반 행위라는 것을 가르쳐 주셨다(마 18:21-35).

어떤 임금에게 1만 달란트를 빚진 종이 있었는데 임금은 종에게 갚을 것이 없는 것을 보고 가족을 노예로 팔고 소유를 다 팔아 갚으라고 엄하게 명령했다. 그러나 종은 갚을만한 능력이 없어서 임금에게 애걸한다. 임금이 종을 불쌍히 여겨 전부 용서하고 탕감해 주었다.

그런데 용서를 받은 종이 돌아가다가 자기에게 100데나리온 빚진 친구 하나를 만나자 그의 멱살을 붙잡고 빚을 갚으라고 다그친다. 친구가 곧 갚겠으니 참아달라고 애걸해도 종은 용서하지 않고 친구를 옥에 가두었다.

이 사실을 다른 사람들이 임금에게 고했다. 종은 임금에게 다시 호출되어 탕감 사실을 무효가 되고 임금에 의해 감옥에 갇히고 말았다. 종은 큰 빚을 탕감 받고서도 친구의 작은 빚에 대해 무자비한 태도를 보임으로 감옥까지 가게 되었다.

"우리가 우리의 죄를 사하여 준 것 같이"는 하나님의 용서를 받을 수 있는 사람의 자격을 말해 준다.

하나님께서는 우리가 다른 사람들을 용서하는 우리를 용서의 자격이 있는 사람으로 인정하신다. 다른 사람을 용서하는 우리를 보시고 과연 용서하신 것이 잘했다고 생각하신다. 그러나 우리가 남을 용서하지 않는다면 하나님께서 용서하신 것을 우리 스스로 포기하고 다시 죄인으로 돌아가는 꼴이 된다.

> "너희가 각각 마음으로부터 형제를 용서하지 아니하면 나의 하늘 아버지께서도 너희에게 이와 같이 하시리라"(마 18:35).

남을 용서하지 않는다는 것은 바로 자기가 하나님의 용서를 받지 않았다는 증거이다. 동시에 하나님의 용서에 대한 필요를 모르는 사람이다.

그러나 하나님의 용서를 필요로 하지 않는 사람은 이 세상에 하나도 없다. 하나님의 용서로 구원받은 사람만이 영생과 천국의 축복을 소유한다. 하나님의 용서를 받은 사람이 하나님이 주시는 모든 축복을 누릴 수 있다.

우리가 이 세상을 살면서 이웃에게 잘못을 저지르는 경우가 많다. 하지만 그 잘못을 솔직하게 인정하고 용서를 구하는 경우는 매우 적다. 잘못에 대해 변명한다.

자신의 잘못을 감추기에 급급하고 슬쩍 넘어가는 경우가 대부분이다. 이는 잘못을 시인하는 것을 큰 수치로 생각하기 때문이다. 잘못을 시인하면 자존심에 심각한 상처가 있을 거라고 생각하기 때문이다.

하지만 사람과 사람 사이에도 용서와 화해가 있어야 한다. 하나님이 형제와의 용서와 화해를 원하기 때문이다. 용서는 우리가 하고 싶으면 하고, 말고 싶으면 마는 선택이 아니다. 용서는 구원받은 성도가 꼭 해야 할 의무이다.

이에 예수님께서는 이렇게 가르치셨다.

> "형제에게 원망들을 만한 일이 있는 것이 생각나거든 예물을 제

> 단 앞에 두고 먼저 가서 형제와 화목하고 그 후에 와서 예물을 드리라"(마 5:23-24).

내가 먼저 용서해야 한다. 상대를 용서할 입장이라면 용서해야 한다. 용서하는 사람이 더 큰 사람이다.

예수님은 용서 이후에 하나님께 예물을 드리라고 말씀하셨다. 하나님은 용서의 마음을 예물보다 먼저 보신다. 사람과의 관계가 정상적이지 못하면 하나님과의 관계 또한 정상적이 되기 어렵다. 그러므로 우선 내게 죄 지은 자를 먼저 용서하여야 한다. 그것이 내 죄가 용서받았다는 확증이다. 다른 사람으로부터도 용서받을 수 있는 기회인 것이다. 형제를 용서하는 사람은 주님의 기도를 실천하는 사람이다. 용서는 선택이 아니다. 예수님의 절대적인 명령이며 하나님의 뜻이다.

그러므로 "우리에게 죄 지은 자를 용서해 주었습니다. 앞으로도 용서하겠습니다"라는 결단을 하나님 앞에 보여야 한다.

용서하면 마음에 평화가 찾아온다. 나를 괴롭혔던 미움과 증오 그리고 분노로부터 자유를 얻는다. 용서하는 사람에게 하나님의 더 큰 은혜가 임하게 될 것이다.

하늘에 계신 우리 아버지여
이름이 거룩히 여김을 받으시오며
나라이 임하옵시며
뜻이 하늘에서 이룬 것 같이
땅에서도 이루어지이다
오늘날 우리에게 일용할 양식을 주옵시고
우리가 우리에게 죄 지은 자를 사하여 준 것 같이
우리 죄를 사하여 주옵시고
우리를 시험에 들게 하지 마옵시고
다만 악에서 구하옵소서
대개 나라와 권세와 영광이
아버지께 영원히 있사옵나이다 아멘.

너희는 이렇게 기도하라!
기도의 자세 Ⅱ / 겸허히 신앙을 고백하라!

용서의 삶을 가르치신 예수님은 이어서 "우리 죄를 사하여 주옵시고"라고 기도를 가르치셨다. "우리 죄를 사하여 주옵시고"라는 기도는 우리가 예수님을 믿어도 여전히 죄에 노출되어 있으며 죄에 대해 경계심을 가져야 한다는 것을 전제로 한다.

죄에 오염되어 있는 사람들에게 깨끗하게 되는 방법이 필요하다. 예수님이 그 방법을 가르쳐 주셨다. 죄에 노출되어 오염되어가는 사람에게 죄와 상관이 없는 길이 필요하다. 예수님이 그것을 완성하시기 위해 세상에 오셨다.

겸손의 기도

"우리의 죄를 사하여 주옵시고"라는 기도는 크게 두 가지 사실을 고백한다. 먼저는 기도하는 성도 자신이 하나님 앞에 부족하고, 연약하며 죄성에 노출된 존재라는 점이다. 다른 하나는 그럼에도 불구하고 하나님께서는 성도를 용납하시고 감싸 안아 주시는 분임을 믿는다는 고백이다.

그러므로 "우리의 죄를 사하여 주옵소서"라고 기도할 때 사람은 죄에 노출되어 죄를 지을 가능성이 많은 사람임을 인식해야 한다. 항상 부족한 자신임을 깨닫고 죄에 대해 민감해야 한다.

죄는 크든 작든 누가 범하든 간에 하나님 앞에 공의의 심판을 당해야 하며, 하나님과 인간의 세계를 파괴하는 것이다. 따라서 주님께서 제자들에게 "죄를 사하여 주옵소서"라고 기도할 것을 명령하신 의미는 성도들도 죄를 범할 여지가 많음을 인식하라는 뜻이요, 죄를 무서운 것으로 인식하고 회개하여야 한다는 뜻이다.

성경은 다음과 같이 증거한다.

> "만일 우리가 죄가 없다고 하면 스스로 속이고 또 진리가 우리 속에 있지 아니할 것이요 만일 우리가 우리 죄를 자백하면 그는 미쁘시고 의로우사 우리 죄를 사하시며 우리를 모든 불의에서 깨끗하게 하실 것이요 만일 우리가 범죄하지 아니하였다 하면 하나님을 거짓말하는 이로 만드는 것이니 또한 그의 말씀이 우리 속에 있지 아니하니라" (요일 1:8-10).

바리새인은 거리에서 기도하며 자신이 의인인 체 자랑하다가 예수님으로부터 책망을 받았다. 그러나 세리는 성전에서 자신이 죄인인 것을 먼저 자복하였다. 세리는 죄가 부끄러워 감히 하늘을 우러러보지도 못하면서 다만 불쌍히 여겨 달라고 애원할 뿐이었다. 그런데 예수님은 세리의 기도를 칭찬하셨다(눅 19:9-14).

자기 죄를 시인한다고 하여서 다 용서받지는 않는다. 죄를 알았다면 회개해야 한다. 회개하지 않으면 용서받을 길이 없는 것이다. 누가복음 15장에 보면 탕자에 대한 기록이 있다.

그는 부모의 뜻을 거역하고 외국으로 가서 허랑방탕하여 그 재산을 모두 허비하고 돼지를 치는 목동 신세가 되었다. 그 때 탕자는 아버지의 사랑을 배반한 죄의 결과로 굶어 죽게 된 현실을 시인하였다. 혼자 한탄하는 중에 아버지 집에는 먹을 것이 풍성하여 하인이나 종들조차도 배불리 먹고사는 것을 깨닫게 되었다. 그 후 탕자는 일어나서 아버지 집으로 갔다. 아들이 아닌 하인으로 인정하기만 해도 좋다고 생각하고 집으로 돌아갔다.

시인하는 것은 첫 단계요, 그 다음으로 회개하는 둘째 단계가 있어야 한다. 아들은 집으로 돌아가 아버지께 이렇게 아뢰었다.

"하늘과 아버지께 죄를 얻었으니 아들이라 일컬음을 감당할 수는 없고 품꾼의 하나로 보아 주십시오".

이런 모습은 철저한 회개였다. 아들이 자기 존재를 부정하고 종이 되겠다고 했으니 그만큼 잘못을 뉘우쳤다고 볼 수 있다. 아들은 아버지께 돌아오는 회개의 실천으로 용서와 회복의 은혜를 얻었다. 이와 같이 죄인 된 자기를 시인하고 철저한 회개와 실천이 있어야 한다.

믿음의 사람은 '원죄' 즉 하나님을 배반하고 영벌을 당하게 될 죄를 그리스도 예수의 십자가 대속 은혜를 믿음으로 용서함을 받았다. 하나님은 믿음의 사람들에게 죄를 묻지 않으신다.

사도 바울은 "그리스도 예수 안에 있는 자에게는 결코 정죄함이 없나니"라고 증언한다(롬 8:1). 성경은 우리에게 주님을 '배교'하지 않는 한

하나님의 자녀로서 구원받는다는 것을 분명하게 증거하고 있는 것이다
(요 6:37; 롬 5:6-10; 고전 3:10-15; 히 11:26-31; 12:15-17, 25).

죄가 무엇인가?

그렇다면 죄란 도대체 무엇인가?

현대는 '죄'를 여러 가지 관점에서 본다. 심리학적으로 보기도 하고, 사회학적으로 보기도 한다. 공리주의로도 보고, 상대주의로도 보는 경향이 있다. 특히 서양 사람들은 '남에게 해를 끼치지 않는 것이라면 다 옳다'고 생각한다. 다시 말하면 '너 좋고 나 좋은 것이라면 어떤 것이라도 나쁠 것이 없다'는 것이다.

이같은 생각은 합리적인 것 같으나 절대 가치를 무시하고 있으므로 사상적 혼란을 야기할 수도 있다. 이는 공산주의 사상으로 '결과에 의해 방법을 정당화한다'(The end justify means)는 이론이다. 비록 나쁜 방법을 썼어도 결과만 좋으면, 그 결과가 방법을 정당화할 수 있다는 말이다.

우리 속담에도 '모로 가도 서울만 가면 된다'라고 한다. 이는 결과만 추구하는 경향으로 옳지 못한 방법도 정당화시키고 용인하는 것이다. 그러나 서울을 가지 못하는 한이 있어도 바른 길로 가는 것을 어떻게 생각하는가? 나쁜 방법을 사용하는 중에 손해를 보는 사람에 대하여는 어떻게 생각하는가?

어떤 경우에도 결과가 방법을 정당화해서는 안된다. 결과나 목적이 좋았다 해서 방법이야 아무려면 어떤가 하는 것은 잘못된 논리이다. 죄를 상대적으로 보아서는 안된다. 죄는 절대적인 것으로 실존하는 것이다.

좋은 일한답시고 이웃에게 피해를 주는 사람도 많다. 교회에서 바자

회를 해도 지역 상점들에게 피해를 주지는 않나 생각해보아야 한다. 오히려 지역 상점들에게 교회 안에서 바자회를 여는 기회를 마련해 주고, 교회를 통해 이웃을 돕도록 설득하는 것이 참여와 공동 생활을 실현하게 될 것이다. 이를 통해 교회가 지역 사회에 리더십을 발휘하게 될 것이다.

예수님께서 주기도문에서 '죄'라고 표현하신 말씀은 헬라어로 '오페이레마'이다. 이 말은 '빚, 부채'라는 의미를 가지고 있다. 빚이란 당연히 갚아야 하는 것이다.

만약 갚지 않으면 언제나 남아 있게 되고, 또한 늘어난다. 빚은 갚지 않고서는 해결할 방법이 없다. '죄'는 하나님의 은혜를 받았음에도 은혜에 보답하지 못하고 하나님의 요구를 이행하지 못하는 빚을 진 상태와도 같다.

우리의 빚은 하늘 나라 장부에 기록되어 있다. 그러므로 빚을 알고 있다고 해서 갚아지지 않는다. 죄는 뉘우친다고 해결되는 것이 아니다. 혼자 뉘우치고 다시 그러지 말아야겠다고 결단하면 죄가 용서해지는 줄로 착각하는 사람이 있다. 그러나 빚은 갚지 않고서는 해결되지 않는다. 어떤 공로를 세운다고 해결되는 것도 아니다. 채무자는 채권자에게 갚아야만 깨끗하게 해결된다.

한편 성경에서 죄를 표현하는 데 가장 많이 사용된 말이 '하말티아'이다. 이는 '화살이 과녁에 이르지 못하는 것'을 의미한다.

양궁 경기를 보면 과녁에 몇 개의 동그라미가 겹겹이 그려져 있다. 중심에 정확히 맞으면 높은 점수를 얻는다. 만약 화살이 빗나가서 다른 곳에 떨어질 경우 이것이 '하말티아'이다. 마땅히 해야 할 일을 하지 못했다는 뜻이다. 그러니까 당연히 해야 할 일을 하지 않은 것도 죄이다.

야고보서는 이렇게 강조한다.

> "그러므로 사람이 선을 행할 줄 알고도 행하지 아니하면 죄니라"(약 4:17).

예를 들어 구제해야 함을 알면서도 행하지 않는다면 그것이 곧 죄이다. 우리가 마땅히 하나님의 자녀로서 설 자리에 서지 못하고, 될 자리에 있지 못하며, 해야 할 것을 하지 못하는 것이 곧 죄이다. 우리는 하나님의 선하시고, 온전하신 뜻과 바람을 실천해야 함에도 실천하지 못하는 무능한 죄이며, 무능함을 깨닫지 못하고 변명하는 것도 죄라 할 수 있다.

또한 성경은 죄를 '파라바시스'라는 말로 표현했다. 이 말은 '구별된 선을 고의로 밟고 넘어간다'는 의미가 있다. 예를 들어 출입금지 지역에 일부러 들어가는 것이다. 즉 어떤 것이 하나님의 최선의 뜻인 줄도 알고 또 어떤 것이 악인 줄 알면서도 그 구별된 것을 무시하고 악을 행하는 것이다.

사도 바울은 자기 안에 거룩한 하나님의 뜻을 알면서도 악을 추구하는 모순된 성향이 있음을 인식하고 괴로워했다.

> "내가 원하는 바 선은 행하지 아니하고 도리어 원하지 아니하는 바 악은 행하는도다 만일 내가 원하지 아니하는 그것을 하면 이를 행하는 자가 내가 아니요 내 속에 거하는 죄니라 그러므로 내가 한 법을 깨달았노니 곧 선을 행하기 원하는 나에게 악이 함께 있는 것이로다 내 속 사람으로는 하나님의 법을 즐거워하되 내 지체 속에서 한 다른 법이 내 마음의 법과 싸워 내 지체 속에 있는 죄의 법으로 나를 사로잡는 것을 보는도다 오호라 나는 곤고한 사람이로다 이 사망의 몸에서

누가 나를 건져내랴" (롬 7:19-24).

우리는 성경을 통해 하나님의 선하시고, 거룩하시고, 온전하신 뜻이 무엇인지 알면서도 무시할 때가 있다. 사랑과 용서를 행해야 함을 알면서도 외면할 때가 있다.

사랑과 용서를 알면서도 정죄와 분쟁을 일삼을 때가 얼마나 많으며, 희생과 봉사의 가치를 알면서도 내 육신의 안일과 이익만을 추구하는 경향이 있다. 또한 영생의 소망을 바라보고 앞에 있는 푯대를 향하여 뛰어가야 함을 알면서도, 세상에 미련을 둔 롯의 아내처럼 뒤돌아 볼 때도 많이 있다. 우리는 이와 같은 자신의 모순성을 늘 고백하고 회개하고 반성해야 한다.

또한 성경은 죄를 '파라프토마' 라는 말로 표현한다. 이는 '미끄러져 넘어진다' 라는 의미이다. 이 말은 마음을 바르게 가지고 서 있어야 될 사람이 유혹과 욕심에 사로잡혀 넘어지는 것이다. 불안한 감정과 헛된 욕심이 사람을 쓰러지게 한다.

먹고 싶다고 다 먹고, 자고 싶다고 다 잘 수 없다. 자제력을 잃은 사람은 술 취한 사람같이 중심이 흔들려서 할 일을 못하고, 하지 말아야 할 일을 한다. 쓰지 말아야 곳에 돈을 쓰게 되고, 가지 말아야 할 곳에 가게 된다. 이렇게 자제해야 할 시간에 자제력을 잃고 감정과 욕심에 치우쳐 미끄러지고 넘어지는 것을 '죄' 라고 한다.

성도가 무지로 인해 또는 외부의 영향으로 인해 과실을 범한 것도 죄이다. 흔히 자기의 실수를 다른 사람의 탓으로 돌리거나, 사탄의 계교 때문이라고 핑계를 대는 성도들이 있다. 그래서 회개할 생각은 하지 않고 죄를 전가시키고 환경을 불평할 때가 많다. 그러나 어찌되었든 죄는 '내가' 범한 것이다. 내가 주의하지 않고 욕심을 내고, 분별하지 못하며 인내심 모자라 외부의 압력과 영향에 당하고 만 것이다.

만약 사과를 따먹고 자기 손이 죄를 범한 것이라고 우기는 사람이 있다고 가정해 보라! 그래서 손에 죄를 묻는다고 손을 잘랐다면 그 고통이 누구에게 오겠는가? 죄의 책임은 우리에게 있다. 따라서 우리는 과실을 범했을 때 먼저 하나님께 내 자신의 우둔함을 고백하고 용서를 빌어야 마땅하다.

요즘 사회는 패륜아도, 도적질하고 살인한 자도, 남의 가정을 송두리째 망치거나 부모를 살인한 자도 '사회의 무관심과 부조리와 환경의 탓이라'고 변호를 받는다. 변호사들은 법정에서 죄를 묻기보다는 죄를 지을 수밖에 없는 환경을 부각시켜 사람의 죄성을 환경의 탓, 다른 사람의 탓으로 돌려버린다. 공직에 있는 사람이 부정부패로 해임되었는데 소청심사로 복직되는 경우가 많다. 정상 참작을 한다고 봐 주는 경우이다.

아무리 죄를 지을 수밖에 없는 상황을 이해한다고 하여 죄 자체를 용납할 수는 없다. 죄인은 사랑할 수 있으나 죄는 미워해야 한다. 인간의 죄성 자체를 내버려둘 수도 없다. 믿음의 사람은 세상의 가치 판단에 의해 영향을 받지 않도록 주의해야 한다.

그렇다면 우리 모두는 하나님께 어떤 빚을 지고 있는가?

우리 모두에게는 하나님을 공경해야 할 부채가 있다. 순종하고 봉사해야 할 부채이다. 사랑해야 하며 헌신해야 하며 남을 이해해야 할 부채이다. 하나님이 우리를 향해 이렇게 하셨기 때문이다. 잔뜩 진 빚을 갚지 않고서는 자유롭게 살기 힘들다.

하나님께 진 빚을 갚는 것 즉, 적극적으로 선을 행하는 것이 우리를 더 자유롭게 하는 것이며 더 기쁘게 살게 하는 방법이다. 하나님 앞에 나올 때마다 선을 행하지 못한 죄를 회개하고, 더 선을 행하는 능력을 달라고 간구해야 한다.

어떤 사람들은 생각하기를 무슨 죄가 그렇게 많아서 날마다 회개해야 하느냐고 못마땅해 한다. 매일 새벽마다 울며 기도하는 성도들에게 불신자들이 조롱한다. 그렇지만 하나님께 가까이 갈수록 우리의 연약함과 우리를 넘어뜨리려는 죄를 더 많이 느끼게 된다. 어두운 곳에서는 더러움이 나타나지 않고 밝은 곳에서는 더러움이 환하게 드러나듯, 하나님 가까이 나아가면 나아갈수록 내가 더 큰 죄인임을 깨달아 뉘우치게 된다.

우리는 흔히 죄라고 하면 살인이나 간음 또는 도적질 등 눈으로 확실히 드러나는 것들만을 생각한다. 그러나 예수님은 마음 속에 있는 죄까지도 죄라고 말씀하신다.

> "형제를 대하여 라가라 하는 자는 공회에 잡혀가게 되고 미련한 놈이라 하는 자는 지옥 불에 들어가게 되리라" (마 5:22).

> "또 간음하지 말라 하였다는 것을 너희가 들었으나 나는 너희에게 이르노니 음욕을 품고 여자를 보는 자마다 마음에 이미 간음하였느니라" (마 5:27-28).

마음에 품은 것, 욕설과 의심도 죄이다. 절망하는 것도 큰 죄이다. 죽고 싶다는 말을 하는 것도 하나님 앞에 큰 죄이다.

이는 생명에 관한 것이므로 하나님의 사랑을 받은 우리들로서는 정말 해서는 안 되는 말이다. 마땅히 감사해야 되고 기뻐해야 되고 찬양해야 할 빚을 진 사람들이 절망하고 한숨짓고 눈물을 흘린다면 빚을 갚지 못하는 것이라 할 수 있다.

용서를 비는 기도

성도가 죄를 고백하는 것은 신앙 성장을 위한 긍정적인 과정이다. 그러므로 죄를 자백하는 생활을 습관화해야 한다. 자신의 연약함과 이 세상이 얼마나 불의한지를 바로 깨달아야 한다.

그리스도의 은혜를 더 온전히 의지해야 한다. 그럴 때 이웃의 잘못을 용서할 수 있는 관용과 겸손의 성도가 될 수 있다. 따라서 성도는 불의한 사회에 도덕적으로 빛과 소금 역할을 할 수 있는 성결한 자격을 갖추어야 한다.

우리는 이제 예수님께서 가르쳐 주신 "우리가 우리에게 죄 지은 자를 사하여 준 것 같이 우리 죄를 사하여 주옵시고"라는 기도를 통하여 하나님께서 모든 죄를 사하여 주신 것을 믿어야 한다. 또한 죄를 용서받은 사람으로서 관용과 사랑과 희망의 마음가짐으로 이웃을 대해야 한다.

요한 웨슬레는 옥스퍼드 대학 시절 홀리 클럽(Holy Club)을 만들었다. 웨슬레와 친구들은 모일 때마다 죄를 자백하는 시간을 가졌다. 지난번 모임 이후로 받았던 죄의 유혹이 있었는지 아주 솔직하게 이야기하는 시간이었다.

누가 솔직하게 이야기해도 정죄하는 친구가 없다. 오히려 죄를 저지른 것에 대해 안타까워하며 기도해 주었다. 여기에 능력이 나타났다. 홀리 클럽에 모이는 학생들이 점점 많아졌고, 대학에 새로운 영적 바람이 불게 되었다.

독자들은 왜 막강한 영향력이 나타났다고 생각하는가?

그렇다. 죄를 고백하고 용서를 비는 것 자체가 하나님의 능력을 힘입기 때문에 가능한 것이다. 용서를 빌고 용서하는 곳에 하나님의 능력이 나타난다.

하나님께서는 용서하는 사람을 통해 완악한 사람들의 마음을 녹이신다. 용서하고 용서받는 곳에 하나님의 축복이 임한다. 하나님이 용서하는 사람이나 용서받는 사람의 마음을 평화롭게 하신다. 용서하는 사람, 용서의 기도를 드리는 사람이 진짜 능력자이다.

어떤 사람은 자신의 아픈 과거 때문에 괴로워한다. 죄책감에서 벗어나지 못하는 사람, 혹은 과거에 쓰라린 아픔을 준 사람을 용서하지 못하고 산다. 그에게 앙갚음을 하려는 목적으로 사는 사람도 있다. 이런 사람은 과거에 얽매어 사는 것이다. 그에게는 악한 에너지가 분출되고 있다. 그런 사람은 언제나 불안하다. 그리고 생각하는 것마다 미움이 가득하다. 이런 모양은 앞서 말한 중국 영화 주인공이나 진배없다.

용서는 남을 위한 것보다 자신을 위한 것이다. 용서하는 순간 자신의 마음이 무너지는 것 같고 삶의 의욕이 없어지는 것 같으나 용서 이후에 오는 평화는 이루 말할 수 없다.

아픈 과거, 쓰라린 과거를 가진 사람이 있다면 과거를 용서하라. 쓰라림을 가져다 준 사람을 용서하라. 그리고 쓰라림에 살았던 자신을 용서하라. 주님의 이름으로 용서를 선포하라. 용서의 하나님, 평강의 하나님이 당신에게 평화를 줄 것이다.

하늘에 계신 우리 아버지여
이름이 거룩히 여김을 받으시오며
나라이 임하옵시며
뜻이 하늘에서 이룬 것 같이
땅에서도 이루어지이다
오늘날 우리에게 일용할 양식을 주옵시고
우리가 우리에게 죄 지은 자를 사하여 준 것 같이
우리 죄를 사하여 주옵시고
우리를 시험에 들게 하지 마옵시고
다만 악에서 구하옵소서
대개 나라와 권세와 영광이
아버지께 영원히 있사옵나이다 아멘.

너희는 이렇게 기도하라!
기도의 간구 Ⅰ / 도우심을 구하라!

성도들은 이 세상에 살면서 죄에 노출되어 있다. 뿐만 아니라 죄를 짓도록 유혹에도 노출되어 있다. 이 유혹을 주기도문에는 시험이라고 말한다.

쾌락이나 인간적인 욕망을 가지게 하여 예수님으로부터 멀어지게 하는 유혹도 있다. 혹은 지나친 고난으로 예수 그리스도와 상관없는 생활을 하게 하려는 유혹이 있다.

시험은 우리에게 고난을 가져다 준다. 사람들은 흔히 위기가 닥치면 기도를 드리려 한다. 하지만 예수님께서는 주기도문을 통해 위기와 고난이 닥치기 전에 '시험에 들지 않도록 기도할 것'을 가르치셨다.

'주기도문'을 시간적으로 분류한다면 일용할 양식을 구하는 기도는 날마다 계속되는 기도 즉, 현재에 관련된 기도이다. 죄를 용서해 달라는 기도는 과거와 관련된 영역이다. 시험에 들게 하지 말아 달라는 기도는 미래를 내다보면서 드리는 기도이다. 그러므로 기도는 과거, 현재 그리고 미래의 모든 영역에 관련이 된다. 이처럼 기도는 어느 한 순간만이 아니라 언제나 드려져야 한다.

사람들이 고난, 유혹, 시험이 없다면 그야말로 행복한 세월을 지낼 것이라고 생각한다. 그러나 시험을 당하지 않고 세상을 사는 사람이 전혀 없다. 누구든지 시험을 당한다. 심지어 하나님의 아들이신 예수 그리스도까지 시험을 당하셨다.

그렇다면 왜 시험이 오는 것인가? 하나님이 시험을 허락하셨다는 말인가? 아니다. 우리 스스로 시험에 걸리도록 방심하기 때문이다. 그래서 예수님께서는 "시험에 들지 않기를 위해 기도하라"고 제자들을 가르치셨다.

시험이란?

일반적으로 시험이라고 하면 어려움을 당했거나 악에 빠지도록 곤란한 상태에 있음을 말한다.

우리는 누군가가 시험에 들었다고 하면 어떤 고통과 고난을 당하고 있다거나 올무에 걸려들었다고 생각한다. 시험에 걸린 사람을 선의로 생각하기보다는 악한 방향으로, 긍정적이기보다는 부정적인 측면에서 생각하게 된다.

사람들은 시험을 축복의 반대로 사용한다. 예를 들어 병이 들었거나 실패했을 경우에는 시험에 들었다고 말하며, 돈을 벌었거나 출세했을 경우에는 축복 받았다고 축하를 한다.

그렇다면 시험이 무엇인가? 국어사전에서 '시험'이란 '재능이나 실력,

신앙 등을 일정한 절차에 따라 증험하여 본다'는 의미이다. 그러나 성경에서 '시험하다'(tempt)란 단어는 이중적인 의미를 가지고 있다.

'시험'이란 히브리어는 '보칸', 헬라어로는 '페이라스모스'인데 이는 '해 보는 것', '시험해 보는 것', '알아보는 것', '승리하는 것', '주춧돌로 쓰기 위하여 다듬는 것' 등의 의미로 사용된다.

특별히 시험은 두 가지 '(…의 강도를) 시험해 보다, 테스트해 보다'는 의미와 '악을 행하도록 유혹하다'로 사용된다. 창세기 22장 1절에서 '하나님이 아브라함을 시험하실' 때는 하나님이 아브라함의 믿음과 충성을 테스트했다는 것을 뜻한다.

그러나 마태복음 4장 1절에서 사탄이 그리스도를 시험한 것은 사탄이 주님으로 하여금 인간적인 생각에 의해 하나님의 뜻을 지나치도록 유혹하는 것을 의미한다.

사람을 시험한다는 것은 그가 현재 어떤 생각을 가진 어떠한 사람인지, 앞으로 어떻게 될 것인지를 알아보는 것이다. 그러므로 시험은 우리에게 긍정적인 의미도 있다. 시험으로 인해 믿음을 확증하고 성품을 하나님께 증명하여 축복으로 나아간다.

이에 성경은 다음과 같이 증거한다.

> "내 형제들아 너희가 여러 가지 시험을 당하거든 온전히 기쁘게 여기라 이는 너희 믿음의 시련이 인내를 만들어 내는 줄 너희가 앎이라 인내를 온전히 이루라 이는 너희로 온전하고 구비하여 조금도 부족함이 없게 하려 함이라"(약 1:2-4).

한편 예수님께서 말씀하신 시험은 일반적으로 사탄의 유혹 혹은 자신의 욕심에 이끌려 미혹을 당하는 것을 말한다.

사탄은 험악한 세상에서 우는 사자 같이 두루 다니며 삼킬 자를 찾아다닌다. 그러므로 성도들은 근신하고 깨어 있어야 하며 마귀를 대적해야 한다. 스스로 섰다고 생각하면 시험이 찾아온다. 그러므로 스스로 섰다고 생각하는 사람은 넘어질까 조심해야 한다(고전 10:12).

시험의 결과

시험을 이기는 힘은 하나님으로부터 온다. 하나님께서 사탄의 능력이나 악의 요소들을 완전하게 제압하신다. 구별된 성도들은 하나님의 보호하심 아래에서만 모든 시험으로부터 견디어낼 수 있다. 예수님도 시험을 당하셨다.

예수님은 깨어 기도하시면서 공생에 사역 중 시험을 이기는 모범이 되셨다. 예수님이 "우리를 시험에 들게 하지 마옵시고"라고 기도를 가르치신 것을 가장 완벽하게 실천하셨다.

그렇다면 시험의 성격은 어떠한가? 성도에게 있어 시험은 왜 오는 것일까? 한마디로 복을 주시기 위해서이다.

하나님께서는 앞으로 내리실 복을 잘 사용할 능력을 준비시키기 위해, 즉 복을 받을 만한 그릇을 미리 준비하게 하기 위하여 시험을 주신다. 그러므로 시험을 잘 통과하면 하나님으로부터 큰 복을 받아 누린다. 하나님은 우리를 시험하시되 우리를 넘어뜨리려 하지 않으신다.

이에 성경 야고보서에서는 이렇게 말한다.

"사람이 시험을 받을 때에 내가 하나님께 시험을 받는다 하지

말지니 하나님은 악에게 시험을 받지도 아니하시고 친히 아무
도 시험하지 아니하시느니라"(약 1:13).

그러나 사탄의 유혹은 우리를 넘어뜨리려 한다. 마태복음 4장에 보면 예수님께서 성령에 이끌리어 광야로 가서 시험을 받으신 이야기가 있다. 이 시험은 억지로 당한 것이 아니라 시험을 받으러 일부러 광야로 가신 것이다. 그것도 성령에 이끌리어 가셨다.

그러므로 성령을 받아도 혹은 성령을 받으려고 해도 시험이 온다. 오히려 성령 받은 다음에는 더 큰 시험이 올 수 있다.

한편 시험 이후에 축복이 올 수도 있다. 예수님은 시험을 통과한 후 하늘로부터 음성을 들었다.

"하늘로서 소리가 있어 말씀하시되 이는 내 사랑하는 아들이
요 내 기뻐하는 자라 하시니라"(마 3:17).

그러므로 시험은 축복을 받는 단계이다. 우리는 예수님이 기도를 가르치신 의도와 진리에 유의해야 한다.

첫째, 하나님의 우주적 섭리를 인정하는 것이다.

모든 피조물이 그것을 지으신 분의 주권에 달려 있으며 그분은 선에 대해서와 마찬가지로 악에 대해서도 똑같이 절대적인 지배력을 가지고 계신다. 때문에 '우리를 시험에 들게 하지 마옵시고'라는 예수님의 기원이 모든 시험에 대한 대처 능력이 모든 것에 지혜로우시고 전능하신 하나님의 손에 달려 있음을 가르치고 있다.

둘째, 연약한 존재임을 고백하는 것이다.

우리 인간은 시험에 넘어질 수밖에 없는 연약한 존재이다. 따라서 우리는 하나님의 완벽한 보호 아래 있다. 우리가 인식하지 못하고 있어도 하나님은 우리를 돕고 계신다. 만약 하나님이 한 시라도 돕지 않으면 우리는 바로 넘어지고 말 것이다. 그만큼 우리는 연약하며 우리 자신의 힘으로 시험에 대항하기 어렵다.

셋째, 하나님의 긍휼을 인정하는 것이다.

사람들이 죄 때문에 하나님이 사람을 지으신 것을 한탄하셨다. 그러나 하나님은 사람을 지구상에서 멸망하려고 생각하셨어도 의인 노아와 그의 가족을 살려 주셨다. 예수님은 우리의 죄를 용서하시고 의인으로 살게 하는 은혜를 주셨다. 하나님은 의인을 지키신다. 죄를 용서하신 것도 긍휼이며, 의인으로 세우시고 보호하시는 것도 긍휼이다. 우리는 주님께서 우리를 지켜 주시는 긍휼의 은혜를 믿고 있다.

시험은 언제나(whenever) 있다. 누구에게도(whoever) 있다. 어디에서도(wherever) 있다.

이는 시험의 보편성으로 시험이 죄인에게만 있는 것이 아니라 의인에게도 있다. 남대문 시장에도 있고 가정에도 있고 교회에도 있다. 심지어는 하나님 앞에 기도하는 시간에도 있다. 시험이 없는 곳이라고 산으로 올라가서 기도하지만 그곳에도 시험은 기다리고 있다. 그러므로 시험이 없는 곳으로 피해 다닐 생각은 아예 포기하는 것이 좋다.

어떨 때는 하나님이 우리가 시험에 드는 것을 방관하는 것처럼 느껴질 때가 있다. 주님의 섭리가 그 자체로서 선한데도 우리의 부패성 때문에 죄에 틈을 주게 되면, 하나님이 그렇게 버려둘 수 있다. 이러한 시험을 받을 때 우리가 스스로 의롭다고 교만하다면 하나님은 우리의 교만이 깨질 때까지 기다리신다. 하나님이 기다리시는 그 기간이 곧 시험 당하는 기간일 수 있다.

시험을 당하는 이유

우리가 스스로의 신앙에 대하여 자신감이 넘쳐서 교만해지면 시험을 당하기 쉽다. 베드로가 그랬다. 베드로가 죽어도 예수님을 부인하지 않겠다고 했다가 세 번씩이나 부인하지 않았는가?

이처럼 우리가 곤경에 처했을 때 하나님이 무관심하신 것으로 느껴질 수 있다. 그러나 시험이 지나고 보면 쓰라린 연단이지만 주님의 더 큰 축복이 있었음을 깨닫게 된다. 이것이 깨닫고 느껴질 때 영혼을 살찌우시는 하나님의 축복을 맛본다.

야고보는 성도들이 욕심에 이끌릴 때 시험에 빠지게 된다고 훈계한다. 성경에 보면 욕심에 이끌려 시험에 빠진 인물들이 많이 소개되어 있다.

하와는 탐스러운 선악과에 대한 욕심에 이끌려 시험에 빠졌으며, 롯은 '여호와의 동산' 같은 소돔과 고모라에 대한 욕심에 이끌려 결국 가정이 파탄에 이르렀다. 바울은 "탐심은 우상 숭배"(골 3:5)라고까지 말한다. 이외에도 발람 선지자, 사울 왕, 가룟 유다, 아나니아와 삽비라 등이 모두 유혹에 빠져 시험을 자초한 인물들이다. 이처럼 욕심은 반드시 시험을 자초한다.

그러므로 성도들이 시험에 들지 않기 위해서는 주님께서 베푸신 은혜를 족한 줄로 아는 마음을 가져야 한다.

인간의 욕심이란 끝이 없다. 따라서 이 욕심을 다 채우려다가는 반드시 시험에 빠지기 마련이다. 우리 눈에는 보이지 않고, 손에는 잡히지 않지만 시험이 호시탐탐 우리를 노리고 있다.

베드로는 마귀를 우는 사자에 비유했다. 사자란 허점이 보이면 바로 공격한다. 베드로가 사탄을 사자에 비유했다는 것은 우리가 얼마만큼 경계심을 가지고 이 세상을 살아가야 하는지 깨닫게 한다. 성도들이 종종 시험에 빠지는 것은 이러한 사탄의 존재를 망각하고 자신을 사탄의 공격에 무방비 상태로 방치하기 때문이다.

성도들이 시험에 드는 또 하나의 이유는 교만한 마음 때문이다. 이스라엘 백성들이 이방 나라에 침략을 받고 멸망하여 포로가 된 것은 하나님보다 자기 생각을 앞세우는 교만 때문이었다. 교만이 곧 국력의 쇠약을 가져왔다.

이스라엘은 유리하는 백성으로서 약하기 짝이 없다(신 26:5). 그러나 하나님이 그들에게 힘을 주셨을 때 강한 나라를 이룰 수 있었다. 그들이 약하였음에도 평안하게 살 수 있었던 것은 '하나님의 능하신 손 아래서' 겸손했기 때문이다(벧전 5:6). 그러나 그들이 교만에 빠짐으로써 고난과 멸망을 자초하였다.

시험은 쉬지 않고, 할 수만 있으면 하나님이 택한 백성이라 할지라도 찾아온다. 성도들이 종종 시험에 빠지는 것은 이러한 사탄의 존재를 망각하고 자신을 사탄의 공격에 무방비 상태로 방치하기 때문이요, 교만한 마음 때문이요, 욕심 때문이다.

시험에 들지 않게 하는 기도

그렇다면 시험이 우리를 찾아올 때 우리는 어떻게 대처해야 하는가? 시험에서 이기려면 어떤 방법을 취해야 하는가?

가장 우선적이고 강력한 방법이 기도하는 것이다. 예수님께서는 "시험에 들게 하지 마옵시고"를 가르쳐 주셨다. 제자들에게는 "시험에 들지 않게 깨어 있어 기도하라"고 권면하셨다.

기도만이 시험을 이길 수 있는 유일한 방법이다. 예수님이 겟세마네 동산에서 기도하실 때 베드로는 잠을 이기지 못해 기도하다가 몇 차례나 잠이 들고 말았다. 이것을 본 예수님은 안타까운 심정으로 시험에 들지 않도록 깨어 기도하라고 타이르셨다.

기도는 시험을 이기는 능력이다. 기도를 통해 시험을 이기신 주님의 능력을 받는다. 기도는 우리의 힘으로 불가능한 것을 가능하게 한다. 부족하고 나약한 우리에게 시험을 이기는 지혜와 총명 그리고 능력이 기도를 통해 주어진다.

시험에 넘어져서 실패한 일이 있는가? 그 이유가 무엇인가? 시험은 여러 가지 모양으로 찾아온다. 물질, 사랑, 명예, 교만한 마음 등등 시험이 찾아오는 때와 방법은 우리의 상상을 뛰어넘는다. 여러 가지 변명과 이유가 있겠지만 기도하지 않은 것이 가장 큰 이유이다. 기도하지 않고 되어진 일은 성공한 것 같아도 실패이다. 오직 기도하고 이루어진 일만이 승리요 축복이다.

시험을 해결하려고 기도할 때 하나님과 나의 관계 개선이 이루어진다. 하나님과 나와의 관계가 더 깊어지고, 하나님의 은혜를 새롭게 체험한다. 문제의 해결은 먼저 하나님과 나와의 관계에서 풀어야 한다. 즉 인간의 횡적인 문제는 하나님과의 종적인 관계에서 먼저 해결되어야만 한다. 하나님 앞에 서 있는 자기를 바르게 찾으면 능히 시험을 이기는 능력자가 된다.

그렇다면 우리는 언제 기도해야 하는가?

성도들은 흔히 기도를 고난에 직면해서 드리는 것으로 생각한다. 그러나 기도는 시험에 들기 전에 기도하는 것이 더 효과적이다. 피터 와그너는 방패 기도를 통해 시험과 고난이 오기 전에 먼저 기도로 시험과 고난을 막으라고 주장한다. 그는 실제로 그런 사건을 많이 경험하였기 때문에 이렇게 주장한다.

기도는 우리의 나약함을 보강한다. 시험에 든 후 기도하는 것은 기도의 적당한 시기를 이미 놓치고 만 것이다.

이스라엘의 초대 왕 사울은 하나님의 명령에 불복종하고 나서 후회하였지만 이미 시간이 지나고 말았다. 선지자 사무엘은 사울이 후회했어도 하나님이 인정하시지 않는다고 책망하였다. 가룟 유다도 예수님을 팔아넘기고 나서 후회하였지만 이미 지나버린 일이다. 상황을 회복시킬 수 없었던 그는 끝내 자살해 버리고 말았다.

예수님께서도 고난 당하시기 전에 베드로에게 "시험에 들지 않도록 간구해야 한다"고 가르치셨다(막 14:38). 예수님이 '우리에게 닥치는 시험은 모두 미연에 방지될 수 있다'는 사실을 암시하셨다. 그러므로 시험을 경계하는 성도라면 주님의 명령대로 시험이 닥치기 전에 먼저 기도해야 한다.

하나님께서는 우리의 삶 속에서 예상되는 모든 시험에서 능히 건지실 능력과 선한 의지를 가지고 계신다.

성도들이 여전히 시험에 빠지는 것은 그 자신이 시험에 대비하는 기도를 드리지 않기 때문이다. 시험에 빠지지 않도록 미리 기도하지 않는 성도는 기도에 대해 무지하거나 혹은 신앙적인 교만에 빠져 있다고 볼 수 있다.

어떤 일이든지 일하기 전에 계획하는 단계에서 하나님의 도우심을 기도해야 한다. 에스더가 아하수에로 앞에 나아가기 전에 '온 백성과 더불어 삼 일을 금식'한 것과 같이 언제나 시험이 찾아올 수 있음을 인식하고 기도로 경계하여야 한다. 하루 일과를 시작하기 전에 주님께 기도해야 한다.

거룩한 사람으로 살지만 거룩함을 깨뜨리려는 유혹이 있음을 알고 기도로 방어해야 한다. 주님의 명령에 거스르는 일이 없도록 기도해야 한다.

시험에 든 후 드리는 기도는 고작해야 '회개' 이상일 수 없다. 따라서 성도들은 시험에 들기 전에 주님께서 보살펴 주시고, 섭리하시고, 인도하셔서 시험에 빠지지 않게 해달라고 기도해야 한다. 시험은 언제 찾아올지 모르기 때문에 이 기도를 멈추어서는 안 된다.

우리는 언제든지 시험에 빠질 가능성이 있는 연약한 존재들이다. 사탄은 할 수만 있으면 우리로 하여금 시험에 빠지도록 기회를 노리고 있다. 만일 우리가 항상 하나님의 능력을 의지하지 않는다면 언제든지 시험에 빠질 수 있다.

성도들이 기도를 게을리 하고, 기도를 쉬는 죄를 범하는 것은 이 점을 깊이 새기지 못하기 때문이다. 하나님께서 함께 하시지 않아도 늘 승리하는 삶을 살 수 있다고 착각하기 때문이다.

예수님께서는 "시험에 들게 하지 않도록 기도하라"고 하심으로 우리의 영적 나약함을 보강해 주셨다. 사실 사자와 같은 사탄의 공격에 우리가 스스로를 보호할 수 있다는 것은 불가능하다.

그러나 하나님께서 우리와 함께 하실 때는 사탄의 어떤 궤계도 허사가 된다. 앗수르의 산헤립이 집요하게 유다 왕국을 공격하고 조롱했지만 하나님께서 함께 하실 때 그가 덧없이 물러갈 수밖에 없었다. 하나님이 도우시면 어떤 어려움도 이기게 될 것이다.

사무엘은 기도하기를 쉬는 죄를 결단코 범하지 않겠다고 한다. 사무엘은 기도하지 않는 것을 죄악으로 생각한 것이다.

이제 우리도 "기도를 쉬는 것을 죄악으로까지 인식하고 있는가? 기도를 쉬는 것은 자신의 힘으로 문제를 해결할 수 있다고 교만하기 때문은 아닌가?" 하고 자기 자신에게 스스로 심각하게 질문해보아야 한다.

하나님께서는 우리가 부르짖어 간구할 때 반드시 응답하시겠다고 약속하셨다. 따라서 우리는 하나님께 나아가 시험에 들지 않도록 기도해야 한다. 시험을 이길 수 있도록 기도해야 한다. 전능하신 하나님은 자신의 선하시고 기뻐하시는 뜻을 따라 시험을 당하는 우리를 도우시고 승리하게 하실 것이다.

믿음으로 이기기만 하면 어떤 시험이든 결과적으로 우리에게 유익을 가져다준다. 시험을 당할 때 '누구 때문이다' 라고 탓하거나 핑계할 필요가 없다.

그러므로 성도는 시험을 당하기 전에 하나님과 나와의 관계를 늘 기억하고, 시험을 이기는 능력이 있기를 기도해야 한다.

"그러므로 나의 사랑하는 자들아 너희가 나 있을 때 뿐 아니라 더욱 지금 나 없을 때에도 항상 복종하여 두렵고 떨림으로 너희 구원을 이루라 너희 안에서 행하시는 이는 하나님이시니 자기의 기쁘신 뜻을 위하여 너희에게 소원을 두고 행하게 하시나니 모든 일을 원망과 시비가 없이 하라"(빌 2:12-14).

하늘에 계신 우리 아버지여
이름이 거룩히 여김을 받으시오며
나라이 임하옵시며
뜻이 하늘에서 이룬 것 같이
땅에서도 이루어지이다
오늘날 우리에게 일용할 양식을 주옵시고
우리가 우리에게 죄 지은 자를 사하여 준 것 같이
우리 죄를 사하여 주옵시고
우리를 시험에 들게 하지 마옵시고
다만 악에서 구하옵소서
대개 나라와 권세와 영광이
아버지께 영원히 있사옵나이다 아멘.

너희는 이렇게 기도하라!

기도의 간구 Ⅱ / 악에서의 승리를 위해 기도하라!

예수님께서 가르치신 '주기도문' 속에서 우리 자신에게 필요한 것들을 공급해 달라고 요청하는 네 가지 기도가 있다.

1) 제공의 은혜 - "우리에게…일용할 양식을 주옵시고"
2) 사죄의 은혜 - "우리 죄를 사하여 주옵시고"
3) 방지의 은혜 - "우리를 시험에 들게 마옵시고"
4) 보호의 은혜 - "우리를 악에서 구하소서"이다.

주의 깊게 보아야 할 것은 매 경우마다 대명사가 단수가 아닌 복수, 즉 '나'가 아니라 '우리'로 되어 있다는 점이다. 이러한 사실은 나 한 사람만을 위해서 뿐만 아니라 믿음의 가정에 속한 모든 지체들을 위해서 간구해야 함을 가르쳐 준다(갈 6:10).

악이란 무엇인가?

"다만 악에서 구하옵소서."

여기서 '악'(evil)이라는 단어는 마귀, 사탄을 가리킨다. 원래 이 말의 헬라어 단어는 '악한 자'나 '악한 것'을 모두 가리키고 있다. 따라서 이 낱말은 악한 존재나 악한 행위 모두를 뜻한다.

사탄은 거룩하신 하나님을 대적하는 악한 존재이다. 사탄의 유혹 때문에 세상에 죄가 들어왔고 세상이 악하게 되었다. 유혹에 넘어간 사람의 본성도 악하게 되었다.

마귀는 미혹하는 존재이다. 마귀는 살인자, 거짓의 아비 그리고 거짓말쟁이다(요 8:44). 마귀는 우리를 미혹하기 위해 육신과 세상을 사용한다. 공중의 권세를 잡은 자가 육신과 세상을 이용하여 사람을 유혹한다.

그러므로 "다만 악에서 구하옵소서"라는 기원은 우리를 미혹하고 악에 빠지게 하는 모든 악한 존재와 악한 일들로부터 우리를 보호해 주시기 원하는 기도이다.

'다만'이란 말은 헬라어로 '알라'이다. 이는 '오직'이란 뜻으로써 간구의 긴박함을 나타낸다. 안타까운 일을 당하고, 절망의 순간에 구원을 부르짖는 것이다. 사람이 시험에 들면 막다른 골목에 부딪힌 것과 같은 절망에 사로잡힌다. 원망과 불평으로 가득하게 되고, 희망을 찾지 않는다.

이 상태로 가다가는 죽을 것 같은 좌절감을 겪는다. 스스로 빠져 나올 수 없는 지경에 이른다. 이 때 예수님의 이름으로 더 많이 기도해야 한다. 기도가 시험을 이기는 유일한 방법이며, 그리스도가 악을 이기게 하는 유일한 능력이기 때문이다.

선지자 이사야는 다음과 같이 말한다.

> "여호와여 그들이 환난 중에 주를 앙모하였사오며 주의 징벌이 그들에게 임할 때에 그들이 간절히 주께 기도하였나이다 여호와여 잉태한 여인이 산기가 임박하여 산고를 겪으며 부르짖음 같이 우리가 주의 앞에서 그와 같으니다 우리가 잉태하고 산고를 당하였을지라도 바람을 낳은 것 같아서 땅에 구원을 베풀지 못하였고 세계의 거민을 출산하지 못하였나이다"(사 26:16-18).

아이를 잉태한 여성은 순산을 바란다. 아이를 낳을 즈음이면 해산의 고통 때문에 비명을 지를 수 있다. 죽겠다고 하며 남편을 원망하는 여성도 있다. 그래도 마음 한 구석에는 순산하기를 원하는 소망을 가지고 있다.

마찬가지로 시험 중에서 방황하고 악의 구렁텅이 속에 빠져 허우적거리고 있는 상태에서도 예수님의 구원과 안전 그리고 평화를 얻으려는 소망을 가져야 한다.

죽음의 위기에 있는 사람에게 소원이 있다면 무엇이겠는가? 돈을 많이 버는 일, 예쁘고 잘 생긴 애인을 얻는 일, 사업에 성공하는 일, 큰 권세를 얻고자 하는 일인가? 아니다. 이보다 더 급한 소망이 있다면 살기를 바라는 것이다. 건강이 회복되고 안전하고 평안하게 살기를 바라는 것이다.

예수 그리스도의 보혈의 능력으로 구원받아 성도가 된 우리가 이미 '흑암의 권세'에서 건짐을 받아 그리스도의 나라로 옮긴 사람들이다(골 1:13). 그 결과로서 사탄이 우리에 대한 권위를 잃었다. 그럼에도 불구하고 사탄은 우리의 영적인 대적이 되어 우리를 악에 빠뜨리려 한다.

마귀는 우리를 통치할 수는 없지만 우리를 방해하고 괴롭힐 수는 있다. 마귀는 이방인들을 선동하여 악한 일로서 우리를 박해한다(계 12:13). 우리의 욕망에 불을 붙여 범죄케 한다(대상 21:1; 고전 7:5). 우리의 평화를 어지럽게 한다(벧전 5:8). 그러므로 우리는 마귀가 가져다 주는 악에서 건짐을 받도록 끊임없이 기도해야 한다.

서양 속담에 마귀는 네 가지 말로 사람을 유혹한다고 한다.

첫째, '누구든지 하니까.'

둘째, '이까짓 일이야!'

셋째, '한 번만 하라.'

넷째, '아직도 앞날이 많으니…'

이처럼 사탄이 잘 쓰는 계략은 우리가 보통으로 사용하는 단어 속에 들어있다. 그러므로 우리는 일상적으로 사용하는 말 속에서도 마귀가 좋아할 만한 세상적인 사고방식으로 사는 적이 없는지 생각해보아야 한다.

악에 빠지지 않게

예수님께서 "악에서 구하옵소서"라고 기도할 것을 가르치셨다. 이 간구는 우리 주님의 기도 중 청원 부분의 마지막이다.

주기도문에서 "시험에 들게 하지 마옵소서"가 시험에 들기 전에 해야 할 기도라고 한다면, "악에서 구하옵소서"는 이미 시험에 빠진 후에 하는 기도라고 볼 수 있다. 따라서 "시험에 들지 않게 하옵소서"가 적극적인 기도라면 "다만 악에서 구하옵소서"는 소극적인 기도이다.

기도는 믿음으로 드려야 한다. 예수님은 "받은 줄로 믿으라"고 말씀하셨다. 이 말씀을 듣고 믿는 사람, 믿음으로 기도하는 사람에게 기도가 응답된다. 믿는 사람은 예수님의 능력과 지혜를 의지한다. 예수님은 사람이 할 수 없는 일을 예수님이 하신다. 예수님의 이름으로 기도하는 사람은 예수님의 능력과 지혜를 힘 입는다. 그 기도가 응답될 것이다.

시험을 당해도 시험 속에 하나님의 사랑이 있음을 의심하지 말아야 한다. 시험의 사건을 통하여 하나님의 뜻과 경륜이 이루어질 것임을 믿어야 한다. 시험을 당해도 피할 길을 주시는 하나님이 경건한 자를 반드시 시험에서 건져 주실 것을 믿어야 한다. 또한 시험의 때에 우리를 지켜 시험을 당하지 않도록 지켜 주시기를 간구해야 한다.

> "사람이 감당할 시험 밖에는 너희에게 당한 것이 없나니 오직 하나님은 미쁘사 너희가 감당하지 못할 시험 당함을 허락하지 아니하시고 시험 당할 즈음에 또한 피할 길을 내사 너희로 능히 감당하게 하시느니라"(고전 10:13).

> "네가 나의 인내의 말씀을 지켰은즉 내가 또한 너를 지켜 시험의 때를 면하게 하리니 이는 장차 온 세상에 임하여 땅에 거하는 자들을 시험할 때라"(계 3:10).

우리는 끊임없이 악의 세력으로부터 도전을 받는다. 그리고 악의 도전에 대하여 응전하고 있다. 믿음의 사람은 이 땅에서 영적 싸움을 하고 있다. 성경은 이것을 씨름이라고 말한다.

우리의 씨름은 표면적으로는 육신적인 것 같으나 내면적으로는 영적인 싸움이다.

> "우리의 씨름은 혈과 육을 상대하는 것이 아니요 통치자들과 권세들과 이 어둠의 세상 주관자들과 하늘에 있는 악의 영들을 상대함이라" (엡 6:12).

영적 싸움을 하는 우리들이 먼저 할 일은 세상을 이기신 예수님을 바라보고 의지해야 한다. 왜냐하면 예수님이 세상을 이기셨기 때문에 예수님을 바라보고 의지하는 사람에게 승리의 은혜를 주시기 때문이다.

> "세상에서는 너희가 환난을 당하나 담대하라 내가 세상을 이기었노라" (요 16:33).

예수님은 고난을 앞에 두고 하나님께 제자들을 악에 빠지지 않고 보전되기를 기도하셨다.

> "내가 비옵는 것은 그들을 세상에서 데려가시기를 위함이 아니요 다만 악에 빠지지 않게 보전하시기를 위함이니이다" (요 17:15).

주님께서는 지금도 우리를 굳게 하시고 악한 자에게서 지켜 주신다. 그리고 마지막 날에 우리를 영원한 천국으로 인도하신다.

> "주는 미쁘사 너희를 굳건하게 하시고 악한 자에게서 지키시리라" (살후 3:3).

> "주께서 나를 모든 악한 일에서 건져내시고 또 그의 천국에

> 들어가도록 구원하시리니 그에게 영광이 세세무궁토록 있을
> 지어다 아멘"(딤후 4:18).

오직 하나님 한 분만이 우리를 악에서 구하신다. 그분만이 능력을 가지고 계신다.

하나님은 예수님을 통해 우리를 악에서 구하신다. 따라서 성도들은 예수 그리스도를 힘입어 하나님의 뜻대로 살아야 한다. 하나님의 뜻대로 사는 사람에게 영과 육이 깨끗하게 보전되는 축복이 있을 것이다.

> "평강의 하나님이 친히 너희를 온전히 거룩하게 하시고 또
> 너희의 온 영과 혼과 몸이 우리 주 예수 그리스도께서 강림
> 하실 때에 흠 없게 보전되기를 원하노라"(살전 5:23).

'다만 악에서 구하옵소서'라는 기원의 의의

예수님께서는 우리에게 "악에서 구하옵소서"라고 기도할 것을 가르치셨다. 여기서 우리는 기도의 의미와 내용 그리고 의의를 찾을 수 있다.

먼저 "다만 악에서 구하옵소서"라는 기도는 우리가 사탄의 계략을 감지해 낼 수 있도록(고후 2:11) 하나님의 조명을 구하는 기도이다. 사탄은 자신을 빛의 천사로 가장할 수 있다(고후 11:14).

사탄은 너무 교활해서 인간의 지혜로 대처할 수 없다. 사람이 자기 지혜로 사탄에게 대적하려 할 때는 여지없이 실패한다. 오직 성령께서 지혜를 주시고 깨우쳐 주셔야 우리가 그 함정을 분별할 수 있다.

"다만 악에서 구하옵소서"라는 기도는 사탄의 공격을 대적할 힘을

구하는 기도이다. 사탄은 우리 자신의 힘으로 맞서기에는 너무 막강하다.
　그러나 우리가 성령의 도우심에 의해 힘을 얻을 때에 사탄의 시험에 넘어가지 않는다. 사탄이 가져다 주는 죄의 즐거움을 오히려 혐오하게 될 것이다.

　"다만 악에서 구하옵소서"라는 기도는 우리의 욕망을 억제시키며 하나님의 은혜를 구하는 기도이다. 우리가 외부로부터 오는 유혹을 거부할 수 있는 힘은 내면에 있다.
　내면은 본래 타락으로 인한 죄악된 본성이었다. 그러나 예수님이 죄악된 본성을 이기는 힘이 되셨다. 예수님을 믿는다는 것은 내면을 예수님께서 다스리시도록 내어드리는 것이다. 우리 마음에 악을 허락하면서 사탄에게 비난을 퍼부을 수 없다. 죄를 미워함으로 사탄의 지배를 배제하여야 한다.

　"다만 악에서 구하옵소서"라는 기도는 우리가 죄에 굴복했을 때 회개를 구하는 기도이다. 죄는 우리의 영적 분별력을 죽이고 우리 마음을 완고하게 만들며 파멸하게 하는 경향이 있다(히 3:13). 반면 하나님의 은혜는 죄로 인한 파멸에서 우리를 구하고 악한 것에서 자유하게 한다. 하나님의 은혜를 받으면 우리 안에서 죄로 인한 경건한 슬픔이 생긴다. 그리고 회개에 이르게 하는 근심이 생겨난다.
　따라서 "우리를 구하옵소서"라는 말씀이 암시하는 바는 수렁에 빠져 누군가가 꺼내 주어야만 밖으로 나올 수 있는 연약한 양처럼, 우리 역시 우리 힘만으로는 결코 나올 수 없는 죄에 깊이 빠질 연약한 존재라는 것이다.

"다만 악에서 구하옵소서"라는 기도는 양심으로부터 죄의식을 제거해 달라는 기도이다. 참된 회개를 하는 영혼은 하나님 앞에서 자기의 죄 때문에 수치심을 깨닫고 수치심 때문에 엎드린다.

하나님은 엎드린 사람의 양심에 새로이 정결케 하는 그리스도의 피를 뿌림으로 죄에서 깨끗하게 하고, 성령을 통해 평화를 주심으로 죄책감이 사라지게 하신다.

"다만 악에서 구하옵소서"라는 기도는 우리가 악에서 건짐을 받았기 때문에 우리 영혼으로 하여금 다시 하나님과의 교통을 회복하게 해 달라는 기도이다. 죄인은 하나님과 교제할 수 없다. 그러나 믿음으로 의롭게 된 사람은 하나님과 자유롭게 교제할 수 있다.

"다만 악에서 구하옵소서"라는 기도는 주님께서 당신의 영광을 위해 그리고 우리의 영원한 복락을 위해 우리의 타락으로 인한 죄과를 지워줄 것을 청하는 기도이다. 이 모든 것을 진심으로 바람으로 스스로 하나님으로부터 악으로부터 벗어나는 은총을 받았다는 표시를 보인다.

죄의 보편성과 승리하는 방법

인간은 범죄한 아담의 후손이므로 누구나 근본적으로 악한 마음을 소유하고 있다.

이에 예수님은 다음과 같이 증거한다.

"사람의 마음에서 나오는 것은 악한 생각 곧 음란과 도둑질과 살인과 간음과 탐욕과 악독과 속임과 음탕과 질투와 비방과 교만과 우매함이니 이 모든 악한 것이 다 속에서 나와서 사람을 더럽게 하느니라" (막 7:21-23).

죄는 특별히 지정된 장소에만 거하지 않는다. 인간이 사는 곳이면 그곳이 어느 곳이든 죄가 존재한다. 죄는 언제든지 고개를 쳐들고 나오려 한다.

사람이 사는 시간을 죄악이 지배하려 한다. 악한 세력은 어느 곳에서나 언제나 무시로 우리를 노리고 유혹한다. 우리가 기쁠 때에든지 큰 슬픔을 당했든지 관계하지 않는다. 우리가 식사하거나 대화를 할 때나 조용히 쉴 때라고 악한 세력이 잠잠하지 않는다.

마귀는 심지어 거룩하게 예배를 드리는 때나 은밀히 기도하고 말씀을 묵상할 때도 그들은 우리를 무너뜨릴 기회로 삼는다. 사소한 말로 시작해서 분쟁을 야기시키고, 갖가지 염려나 미움 그리고 음란함이 작용하여 사람의 평안을 깨드린다.

악한 세력이 우리를 넘어뜨리려고 우리의 가까운 사람을 사용한다. 가장 가까운 부모와 형제일 수도 있다. 혹은 거룩한 사람, 존경하는 사람을 사용할 수도 있다. 친구, 목회자, 성도를 통해서 아픔을 가져오기도 한다. 혹은 자신의 무지와 교만함 때문에 존경하는 사람, 의로운 사람을 오해하게도 한다. 사소한 오해로 갈등과 분쟁을 만들어내고, 때로는 근거 없는 소문을 이용하기도 한다.

죄는 매우 끈질겨서 한 번 우리 안에 들어오면 우리가 파멸에 이르기까지 떠나지 않는다. 죄는 기어이 우리를 멸망과 파멸로 인도하며, 그때까지 우리를 철저하게 괴롭히며 따라다닌다. 이러한 목적을 위해 죄악이 원수나 대적자의 모습이 아니라 친구와 보조자의 얼굴로 다가온다.

그러므로 우리는 언제 어느 때든지 죄가 스며들지 못하도록 항상 깨어 경성하고 기도함으로 틈을 보이지 않도록 해야 한다. 악하고 더러운 마음 자세가 될지 모르므로 우리에게 악한 것을 바르게 깨우치고 대적하여 이길 수 있도록 힘을 달라고 기도해야 한다. 결국 구별된 성도들은 하나님의 보호하심 아래에서만 모든 시험과 악으로부터 견디어낼 수 있다.

사탄의 능력이나 악의 요소들을 하나님께서 제거해 주실 때 우리가 시험을 당하지 않고, 모든 악에서 승리할 수 있다. 따라서 우리는 이 세상의 악의 물결에 휩쓸리지 않기 위해서 매일 기도해야 한다. 기도는 이 세상에서 늘 사탄의 시험과 유혹과 공격 속에 살아가야 하는 성도들에게 있어서 필수적인 요건이다.

기도는 시험에 들어야만 부르짖는 것이 아니다. 성도는 "항상 성령 안에서 기도하고 이를 위하여 깨어 구하기를" (엡 6:18) 항상 힘써야 한다. 즉, 소극적으로 악에서 도피하고자 하는 기도 아니라 적극적으로 악을 경계하고, 악에 빠졌을지라도 악에서 보호해 주시고, 그 악에게 승리하게 해 주시기를 기도해야 한다.

악에 빠지게 되는 원인

그렇다면 과연 성도들이 악에 빠지게 되는 원인은 무엇일까? 성도들이 악에 빠지게 되면 그 결과는 무엇일까? 성도들이 악을 피하는 방법은 무엇일까?

먼저 악에 빠지게 되는 원인이다. 인간의 악행은 근본적으로 '하나님과의 관계'가 단절되거나 변질됨으로써 발생한다. 성도가 악에 빠지고 패배하는 근본적인 원인은 신앙의 문제가 있기 때문이다.

"죄에 대하여라 함은 그들이 나를 믿지 아니함이요" (요 16:9).

"이는 믿음으로 따라 하지 아니하였기 때문이라 믿음을 따라 하지 아니하는 것은 다 죄니라" (롬 14:23).

악이 우리를 넘어지게 하기 위하여 사용하는 무기가 있다. 육신의 정욕, 안목의 정욕과, 이생의 자랑이다(요일 2:16). 범죄와 악행을 저지르는 사람들의 심리를 생각해 보라. 그들의 심리 속에는 공통적으로 사회와 이웃에 대한 크고 작은 불신이 도사리고 있다. 진리와 선에 대한 확신은 없고 불의와 악이 가득하다. 그래서 강도, 살인, 폭행 등 악한 행위를 한다.

사탄이 성도를 악으로 공격하고 유인하려는 궁극적인 목표는 성도와 하나님과의 관계를 파괴하려는 고차원적인 목적이 있다.

그러므로 우리는 악을 윤리 · 도덕적인 차원으로만 볼 것이 아니라 그 배후에 도사리고 있는 사탄의 영적인 의도를 분별해야 한다. 성도라고 해서 악에 빠질 염려가 없는 것이 아니다. 아무리 믿음이 좋은 사람이라도 악에 빠질 위험이 있다. 그러므로 성도는 사탄의 시험에 대비하여 하나님과의 신앙적 관계를 늘 바르게 하여야 하며 악을 물리쳐야 한다.

우리가 어려운 지경에 처하게 될 때 하나님께서 살아 계시며, 모든 것을 살피시고 도와 주심을 굳게 믿는다면 악을 따르지 않게 될 것이다.

의인은 이렇게 한다.

"오직 의인은 믿음으로 말미암아 살리라" (롬 1:17).

그렇지 못하고 "하나님이 어디 계시느냐? 계신다면 왜 이와 같은 일이 닥치느냐?"는 의심과 불평은 인위적인 수법과 방식으로 행하려는 경향을 가진다. 그것이 곧 악행으로 가는 길이다.

성도가 악에 빠지고 패배하는 또 다른 원인은 고집 때문이다. 인간적인 아집이 남달리 강한 성도들이 악에 빠지기가 쉽다. 그래서 하나님의 뜻을 알면서도 '불순종' 할 때가 많다. 이스라엘의 초대 왕 사울이 그와 같은 아집 때문에 타락을 했고, 가룟 유다도 자기가 믿는 바 인간적인 소신 때문에 악한 생각에 빠졌고, 그것을 실행한 후 영혼과 육신이 자멸하고 말았다.

'진정한 고집'이 무엇인지 아는가? 아무리 내 생각, 또 다른 사람들의 생각이 옳은 것처럼 보여도 '오직 하나님의 말씀이 절대적 진리다'라고 믿고 그 뜻에 무조건 순종하는 것이 진정한 고집이다(마 4:10; 행 4:19).

성도가 자기 고집이 신앙보다 센 것은 일종의 '무지'이다. 그래서 자주 악에 패하고 자기와 타인에게 피해를 끼치게 된다. 하나님은 그와 같은 성도들에게 '징계와 연단'을 통해 지혜롭게 하려 하신다. 그러나 어리석은 사람은 징계와 연단을 통해서도 깨닫지 못하고 점점 더 어리석어지고, 악에 빠진다.

성도가 악에 빠지고 패배하는 원인은 기만 때문이다. 기만은 하나님 앞에 부정직한 태도이다. '이 정도야 하나님께서 봐 주시겠지'라는 계산적 심리 때문이다.

성경은 이것을 하나님을 시험한다고 표현한다(마 4:5-7). 우리의 머리와 입은 하나님 뜻을 따르지만, 몸은 사탄의 유혹에 동조할 때가 많다.

성경은 이와 같은 심리를 정확히 지적해 준다.

"오직 각 사람이 시험을 받는 것은 자기 욕심에 끌려 미혹됨이니"(약 1:14).

하나님은 기만과 속임수를 알고 계신다. 그리고 그것에 대해 책망하신다.

"스스로 속이지 말라…사람이 무엇으로 심든지 그대로 거두리라"(갈 6:7).

이렇듯 우리가 손으로 악을 행하면서 입으로 구원을 바란다면 참 기도가 될 수 없다. 이처럼 우리의 연약한 신앙과 고집, 그리고 부정직한 태도는 우리를 악의 구렁텅이에 빠지게 한다. 악에 빠진 사람은 양심이 변질되고, 탐심의 노예가 된다.

성도의 신앙 양심이 변질되면 하나님의 뜻도 자기 자신도, 또 이웃도 분별할 수 없을 정도의 '무지'에 빠진다. 그래서 신앙의 타락, 교만, 방탕이 생기고, 이웃에 대한 시기, 도적질함, 무자비한 일을 하는 사람으로 변한다. 하나님과 그분의 뜻 대신 세상의 힘, 가치, 향락, 행복을 더 추구하게 된다. 세속주의자 곧 우상주의자가 되는 것이다. 그래서 교회에서뿐만 아니라 사회에서도 추악한 사람이라고 지탄을 받는다.

하나님을 불신하고 의를 불신하는 사람은 결국 자기 자신도 믿지 못하는 정신적인 질병의 사람이 된다. 이 세상에서 가장 불쌍한 사람이 의와 진리와 영원에 대해서 포기한 사람일 것이다. 그러므로 주기도문에서 '악에서 구해 달라'는 기도는 우리를 하나님 앞에 존귀한 사람이 되도록 하는 기도이다.

야고보는 "누구든지 세상과 벗이 되고자 하는 자는 스스로 하나님과 원수 되게 하는 것"이라고 했다. 세상을 따르는 것이 하나님과 원수 되는 데 결정적인 역할을 할 수 있다.

사람은 환경에 지배를 받는 존재이다. 악한 환경에 처하게 될 때 그 사람도 악해질 수 있다. 따라서 죄를 범하지 않기를 바란다면 악한 환경을 경계해야 한다. 입술로만 시험에 들지 않게 해달라고 기도할 것이 아니라 생활 가운데서 악함을 경계해야 한다.

악을 이기는 생활

우리는 하나님을 가까이하는 만큼 악한 생각을 멀리하게 될 것이다. 반대로 하나님을 멀리하는 만큼 악과는 가까워진다. 경건한 생활의 비결과 시험을 미연에 방지하는 비결은 하나님을 가까이하는 데 있다.

하나님을 중심에 모시고 살며, 하나님의 계명을 주야로 묵상할 때, 사탄이 우리를 넘어뜨릴 기회를 얻지 못할 것이다.

> "복 있는 사람은 악인의 꾀를 따르지 아니하며 죄인의 길에 서지 아니하며 오만한 자의 자리에 앉지 아니하고 오직 여호와의 율법을 즐거워하여 그의 율법을 주야로 묵상하는 자로다" (시 1:1-2).

> "범사에 헤아려 좋은 것을 취하고 악은 어떤 모양이라도 버리라" (살전 5:21-22).

> "하나님을 가까이 하라 그리하면 너희를 가까이 하시리라 죄인

> 들아 손을 깨끗이 하라 두 마음을 품은 자들아 마음을 성결하게 하라"(약 4:8).

악을 피하려면 어떻게 해야 하는가?

성경은 악을 피하는 성도의 삶에 필수적으로 갖춰야 할 것에 대해 가르친다. 바로 '착한 양심을 가지라'는 명령이다.

> "믿음과 착한 양심을 가지라 어떤 이들이 이 양심을 버렸고 그 믿음에 관하여는 파선하였느니라"(딤전 1:19).

바울에 의하면 양심은 하나님께서 인간 개개인에게 심어 준 착한 마음이며, 본능적으로 하나님의 존재를 알게 되는 지식이다. 따라서 '양심의 타락'이란 착한 마음이 마비됨으로써 나타나는 모든 현상이며, 하나님께 대한 믿음을 버리는 것이다.

> "하나님을 알되 하나님으로 영화롭게도 아니하며 감사하지도 아니하고 오히려 그 생각이 허망하여지며 미련한 마음이 어두워졌나니 스스로 지혜 있다 하나 어리석게 되어 썩어지지 아니하는 하나님의 영광을 썩어질 사람과 새와 짐승과 기어다니는 동물 모양의 우상으로 바꾸었느니라"(롬 1:21-23).

악에게 유혹 당하여 일시적으로 하나님을 멀리하는 것과 악한 것에 빠져 하나님으로부터 완전히 분리된 것은 다르다. 일시적으로 빠진 것은 회개의 가능성이 많다. 그 안에 양심을 깨우는 소리가 들릴 때 돌아설 수 있다.

그러나 하나님으로부터 멀어진 사람은 어지간한 일로는 돌아오지 않는다. 죽음의 위기에 있거나, 절망의 나락에 있을 때 회개하는 경우가 있다. 그래도 회개하지 못하는 사람들이 있다. 그들은 믿음에서 벗어났으므로 지옥으로 갈 수밖에 없다. 양심의 타락은 '믿음의 파선'이라는 결과를 가져온다.

이처럼 성도가 악에 빠지게 되고, 악행을 일삼게 될 때 제일 먼저 양심에서 책망의 소리가 들린다. 즉 아담과 하와가 범죄한 후 양심에 가책이 되어 하나님을 피하여 숨었다. 그런데 하나님의 책망에 아담과 하와는 죄를 짓게 된 이유를 남의 탓으로 돌렸다. 그들의 양심이 하나님을 속이려 하는 것이었다.

성경은 교회 내에도 양심이 사탄에게 '화인'(딤후 4:2) 맞은 타락한 교인들이 있음을 말한다. 여기서 말하는 '화인'은 주인이 노예의 소유권을 표시하는 '낙인'을 뜻한다. 즉 양심에 화인을 맞으면 악한 영을 자기 주인으로 섬긴다. 양심이 타락을 하면 하나님과 그 뜻에 대하여 무지하게 되고, 무엇이 옳은지, 무엇이 그른지를 분별하지 못한다.

이런 사람들은 "다만 악에서 구하옵소서"라는 기도 자체를 싫어하며 무의미하게 여길 것이다. 악에 빠진 사람은 자기가 악에 빠진 줄도 모른다. 바로 왕과 헤롯이 그러했다. 과거에 하나님을 거역했던 모든 자들이 그러했다.

그렇다면 과연 성도들이 악에 대하여 취할 태도는 무엇일까?
이에 대하여 성경은 다음과 같이 말한다.

"우리가 마음에 뿌림을 받아 악한 양심으로부터 벗어나고 몸은 맑은 물로 씻음을 받았으니 참 마음과 온전한 믿음으로 하나님께 나아가자"(히 10:22).

　하나님의 은혜를 받고 성령의 지혜를 받으면 양심 속에 있는 악을 깨닫는다. 하나님을 향한 경건한 소원을 가지면 우리를 하나님으로부터 떨어뜨리려는 훼방과 유혹을 발견할 수 있다. 이미 악한 것에 면역성이 생겨 옳고 그른 것을 분별하지 못하는 무지한 사람에게 하나님께서 강력한 성령의 역사로 양심을 깨우치신다. 그러므로 악을 이기려면 성령의 지혜를 받아야 한다.

　사도 바울은 "악은 어떤 모양이라도 버리라"고 말한다(살전 5:22). '모양'이라는 말은 '형식'이나 '종류'라는 단어로 대치될 수 있다. 따라서 이는 '악'이라고 여겨지는 그 어떤 것들이라도 비슷한 것을 배제해야 함을 의미한다.

　진리를 가장한 이단과 현실 생활에서 어쩔 수 없다고 생각하는 불의와 타협하지 말라는 것이다. 아무리 성령의 여러 은사를 받고 교회 생활에 충실하다고 해도 때때로 악에 끌려가거나 악과 타협한다면 그것은 결코 바람직한 일이 아니다.

　성도가 성령의 은사를 사모할 때 악한 영의 유혹도 함께 찾아올 수 있다. 우리의 신앙 생활에서 '적당히'라는 말은 통하지 않는다. 뜨겁든지 아니면 차갑든지 양자 택일만 있을 뿐이다(계 3:15-16).

　또한 '악은 모든 모양이라도 버리라'는 말은 '죄악은 시초부터 경계하라'는 의미이다. 큰 죄가 아닐지라도 죄악된 것은 아예 근본부터 멀리하고 배격해야 타락하지 않는다.

　'코끼리의 코만 들어오면 어떻게 하든지 다 들어오고 만다'는 속담이 있다. 죄는 처음에 요것쯤 괜찮다고 생각되지만, 범죄하고 나면 그것을 핑계삼아 완전히 사람을 지배하려 한다. 나중에는 '너 같은 놈 이제 용서받지 못한다'고 겁을 주면서 그를 죄의 올가미에 걸려 있게 한다.

그렇다면 이미 죄에 빠졌으면 어떻게 하는가? 하나님을 찾아야 한다. 하나님은 처음부터 경계를 하시면서 죄 지은 자의 애통함을 보시고 용서하여 주시는 분이시다.

이에 성경은 다음과 같이 증거한다.

> "여호와께서 말씀하시되 오라 우리가 서로 변론하자 너희 죄가 주홍 같을지라도 눈과 같이 희어질 것이요 진홍 같이 붉을지라도 양털 같이 희게 되리라"(사 1:18).

> "다만 악에서 구하옵소서."

이는 어떤 사람이든지 구해야 할 기도이다. 악으로 말미암아 멸망의 구덩이로 떨어질 수밖에 없는 인간이 외치는 긴박한 간구이다. 어떤 이는 "나는 넘어지지 않는다. 유혹이나 돈에 대해서 자신이 있다"고 말한다.

그러나 성경은 말한다.

> "그런즉 선 줄로 생각하는 자는 넘어질까 조심하라"(고전 10:12).

우리가 자신 있다고 말하는 순간 마귀가 박수치며 좋아할 수 있다. 사탄은 조금 칭찬하고 많은 유혹과 시험으로 사람을 넘어뜨리려 한다. 그러므로 우리는 언제나 조심해야 한다. 악에서 구해 주시기를 기도해야 한다.

기도 없이 사는 것은 무기 없이 전쟁터에 나아가는 사람과 같다.

악을 이기기 위해 작전 계획을 세우는 것도 필요하고, 악의 세력이 아무리 강해도 능히 물리칠 수 있다는 확신이 있어야 한다. 이미 예수님이 이기셨으므로 예수님을 믿는 우리는 공포에 떨 필요가 없다.

기도하면 주님께서 우리의 대장으로서 대신 싸워 주시며 승리하게 하실 것이다. 그러므로 비록 험한 세상에 사는 우리지만, 악에 빠지지 말게 해 달라고 기도하면 주님과 함께 거룩한 삶을 이어가게 될 것이다.

너희는 이렇게 기도하라!

기도의 확신 / 영원에 대하여 확신하라!

주기도문은 제자들에게 가르치신 예수님의 기도이다. 제자된 우리들이 곧 주기도문으로 기도드려야 할 사람들이다.

주기도문의 마지막은 기도의 대상인 하나님께 찬양을 돌리는 것이다. 찬양은 주로 예배와 관련이 있다. 찬양 자체가 예배의 한 요소이며, 찬양을 통해 하나님께 예배를 드린다. 그러므로 주기도문은 거룩한 예배자들을 위한 모델 기도이다.

주기도문은 기도의 대상인 하나님을 아버지라 부르는 것으로 시작하여, 하나님을 향한 기도, 사람과의 관계성의 기도, 삶과 관련된 기도를 드리고 마지막으로 기도의 대상인 하나님께 신앙을 고백함으로 끝을 맺는다.

송영의 의미와 교훈

"나라와 권세와 아버지께 영원히 있사옵나이다. 아멘."

예수님께서는 주기도문에서 제자들에게 사람의 필요한 것을 구할 뿐만 아니라 마땅히 하나님의 것을 하나님께 돌리기를 원하신다. 기도에는 일반적인 순서가 있다.

첫째는 먼저 하나님의 은혜에 감사하고,

둘째는 회개하며,

셋째는 "이렇게 되어지기를 원합니다" 하는 간구가 있고,

넷째는 헌신이다.

예수님께서도 겟세마네 동산에서 기도하실 때 다음과 같은 헌신 기도를 하셨다.

> "이 잔을 내게서 지나가게 하옵소서. 그러나 내 뜻대로 마옵시고 아버지의 뜻대로 하옵소서."

이렇게 기도의 마지막 부분에는 반드시 헌신이 있어야 한다. 헌신은 신앙 고백적인 내용을 가지고 하나님께 영광 돌리는 것이어야 한다.

예수님께서도 죽은 나사로를 위해 기도하셨다.

> "아버지여 내 말을 들으신 것을 감사하나이다"(요 11:41).

요한복음 17장에도 보면 예수님은 시종일관 하나님께서 당신의 기도를 들어 주신 것에 감사하다고 하셨다. 또한 십자가상의 마지막 기도에서도 예수님 자신을 위해서가 아니라 남겨둔 사람들을 위해서 기도하셨다.

예수님께서는 주기도문의 마지막에서 하나님 아버지의 영원하신 속

성에 기초하는 그의 나라와 권세와 영광 역시 영원함을 말씀하신다. 이처럼 기도는 감사와 회개와 간구 그리고 헌신의 순서로 드려지는 것이 일반적이다. 하나님의 나라를 위해서 '나는 이렇게 저렇게 하겠습니다'라고 약속을 드리는 것도 좋다. 가능하면 서원하는 것도 의미 있는 일이다.

그런 의미에서 주기도문의 마지막은 하나님께 영광 돌리는 신앙 고백으로 마무리한다.

"대개 나라와 권세와 영광이 아버지께 영원히 있사옵나이다. 아멘."

이것은 하나님께 영광의 찬송을 돌리는 송영이다. 오직 하나님만이 찬양을 받으셔야 한다. 오직 하나님만이 높여져야 한다. 하나님은 창조와 섭리와 은혜에 있어서 최고 주권자이시다. 주님은 하늘과 땅을 다스리시므로 모든 피조물과 사물이 주님의 완전한 통제 아래에 있기 때문이다.

사람들은 '대개'는 '대충' 또는 '대략'이라는 뜻으로 잘못 이해하고 있다. '대개'란 다소 생소하게 들리지만 헬라어로는 '가르'이고 영어 번역에는 'For'로 되어 있다. 이를 직역해서 옮기면 '대개'는 '왜냐하면'이라고 해석할 수 있다. '대개'는 앞과 뒷 문장을 연결해 주는 접속사이다. 즉 '대개'는 지금까지 앞에서 말한 것에 대해 '왜냐하면 이러이러하기 때문입니다'라고 기도한 내용에 대한 이유를 말하는 것이다.

이를 구체적으로 연결시켜 보면 다음과 같다.

'하나님이여 내게 양식을 주옵소서. 왜냐하면 그 나라와 권세와 영광이 다 당신의 것이기 때문입니다. 즉 내가 양식을 구

하는 것은 당신이 양식을 가지고 있기 때문이며, 내가 권세를 구하는 것은 당신이 권세를 가지고 있기 때문이고, 그리고 죄를 사하여 주십사 구하는 것은 당신만이 죄 사함의 권세가 있기 때문입니다.'

그렇게 보면 '대개'가 얼마나 귀중한 말인가? 그런데 어떤 번역에는 이 말을 생략해 버렸다. 성경의 원래 뜻과 정확한 의미가 잘 전달되지 않을까 염려되는 일이다. 아마도 '대개'라는 말이 대충이라는 말로 잘못 해석될 것을 염려하여 생략한 듯하지만 '대개'는 아주 중요한 접속사이다. 기도의 이유를 근본적으로 나라와 권세와 영광이 하나님께만 돌리기 때문이다.

주기도문의 송영은 하나님의 권세 안에서 성도들의 신앙적 삶이 궁극적으로 승리할 것을 고백하는 것이다. 우리가 하나님께 기도할 때 '우리 주 예수 그리스도의 이름'으로 기도한다. 만유의 주이신 하나님께서 승리의 권세를 그리스도의 이름으로 기도하는 우리에게 주신다.

주기도문의 송영 곧 "대개 나라와 권세와 영광이 아버지께 영원히 있사옵나이다"는 하나님께 대한 '칭송'과 '감사'를 나타낸다. 예수님은 하나님의 영원하신 속성에 기초하는 그의 나라와 권세와 영광이 영원할 것임을 알고 계셨다.

나라와 권세를 영원하게 하시는 하나님은 마땅히 칭송을 받으셔야 한다. 이러한 칭송은 하나님의 백성이 하나님의 주권과 통치에 대해 감격하여 무한한 감사를 드리는 것이다.

하나님은 우주를 창조하셨고 우주를 주관하신다. 하나님이 사람을 창조하셨고, 인생을 주관하신다. 하나님은 사람의 마음을 주관하신다. 이에 시편 기자는 노래한다.

> "여호와께서 그의 보좌를 하늘에 세우시고 그의 왕권으로 만유를 다스리시도다" (시 103:19).

선지자 다니엘은 하나님을 가리켜 '하늘의 주재' (단 5:23)라고 했다. 하나님은 만물이 움직이는 목적이시다.

인간이 살고 있는 이 지구가 어찌 목적 없이 움직이겠는가? 사람은 마치 바다에 뜬 배와 같다. 만약 그 배를 움직이는 사람이 없다면 어떻게 될까? 이리 저리 풍랑에 흔들리다가 좌초하고 말 것이다. 하나님을 모르는 사람, 불신앙인들은 이런 배와 같다. 그러나 믿음의 사람은 배를 움직이는 분이 누구인지를 알고 있다. 바로 예수 그리스도이시다. 예수 그리스도의 명령에 따라 움직이기 때문에 안전한 항해를 할 수 있다.

선장이나 사공이 없는 배의 목적지는 불분명하고 애매모호하다. 그러나 선장과 사공이 있는 배는 항상 일정한 목표가 있어 그 목표를 향하여 달려간다. 무신론자들과 불가지론자들은 인생 항해의 선장과 사공이 없다고 주장한다. 그들은 자기 자신이 선장임을 잘 모르고 있다. 그러나 믿음의 사람은 예수 그리스도께서 우리 인생의 선장임을 믿는다.

하나님은 살아 계신다. 그분은 영원한 현재이시다. 그는 전지전능하신 분이시다. 그분 앞에는 드러나지 않는 것이 없다. 무소부재하신 분이시다. 그분은 어디에나 계신다. 그분은 유일하신 분이시다.

성경은 다음과 같이 증거한다.

> "땅의 모든 끝이여 내게로 돌이켜 구원을 받으라 나는 하나님
> 이라 다른 이가 없느니라"(사 45:22).

세상의 모든 것이 하나님으로부터 나온다는 것을 깨닫는 것 자체가 이미 하나님 나라의 축복을 받은 것이다. 믿음의 사람은 하나님 나라의 행복을 누릴 권리를 가졌다.

그러므로 주기도문의 끝 부분을 자신 있게 고백하는 믿음의 소유자는 주님의 것을 받았다는 것을 고백하고 있는 것이다. 이러한 사람은 주님이 원하실 때 자신의 재물과 명예와 생명까지라도 기꺼이 드릴 수 있다. 주님으로부터 왔으니 주님께 드릴 수 있다.

이 세상의 모든 것은 다 하나님 아버지의 것이다. 나라도 하나님의 것이요, 영광도 하나님의 것이요, 권세도 하나님의 것이다. 이에 대하여 성경은 다음과 같이 증거한다.

> "이는 만물이 주에게서 나오고 주로 말미암고 주께로 왔다가
> 주께로 돌아감이라 영광이 그에게 세세에 있을지어다 아멘"
> (롬 11:36).

우리의 기도는 이러한 믿음에 기초해야 한다. 우리는 영생의 확신 위에서 기도해야 한다. 하나님의 영원한 은혜를 사모하는 기도를 드려야 한다. 이 땅에서의 삶에서 궁극적 승리가 우리의 것이다. 영원한 나라에서의 삶이 우리에게 주어졌다. 기도하는 사람에게 평안과 안식과 기쁨이 보장된 삶이 주어졌다.

기도는 하나님의 절대 주권을 인정하는 행위이다. 하나님의 절대 주권을 인정하지 않는 한 바른 기도를 드릴 수 없다. 영생, 곧 '하나님의 나라'가 영원함을 고백하지 않는 사람은 바른 기도를 할 수 없다. 심지어 십자가에 매달린 한쪽 편의 강도라도 마지막에 주님의 나라를 생각하고, 예수님께 부탁하였다.

> "예수여 당신의 나라에 임하실 때에 나를 기억하소서"(눅 23:42).

사람들은 흔히 이 장면을 대할 때, 실컷 죄를 짓다가 죽음 직전에 예수를 영접해도 영생을 얻을 수 있지 않느냐고 질문을 던진다. 하지만 그 때 그 당시의 상황을 짐작하는 사람이라면 이 기도가 얼마나 간절한지를 상상할 수 있다.

이 장면은 다음과 같은 면에서 높이 평가할 수 있다.
첫째, 이 기도에는 '영생의 확신'이 담겨 있다.
당시 유대인들은 영생에 대한 인식이 전혀 없었다. 그래서 그들은 예수님을 조롱하며 떠들어댔다.

> "네가 만일 유대인의 왕이면 네가 너를 구원하라"(눅 23:37).

그러나 이 강도는 십자가에 매달리신 예수님을 비웃지 않았다. 오히려 예수님께 '영원한 나라'를 구했다. 죄인이 자칭 의인들보다 하나님의 나라와 영생을 더 사모했다.

둘째, 이 기도에는 예수님을 '영원한 나라의 왕'으로 믿었다.

강도가 십자가에 매달린 예수님을 향하여 하나님 나라에 들어가기를 요청했다는 것은 예수님을 하나님 나라의 주권자로 고백한 것이다. 모든 사람들이, 그것도 주님을 왕으로 삼으려고까지 했던 이들조차도 예수님께서 말씀하신 '유대인의 왕'이라는 사실을 믿지 않았다. 그들은 오히려 패까지 달아 놓고 예수님을 조롱하였다. 그러나 이 강도는 예수님을 '유대인의 왕' 정도가 아니라, '하나님 나라의 왕'으로 고백하였다.

셋째, 한쪽 편의 강도가 이 모든 사실을 믿은 때이다.

이 때는 예수님께서 온갖 기적을 행하고, 모든 이들에게 추앙을 받았던 '전성기'가 아니다. 이적이 전혀 나타나지 않고, 모든 추종자들 심지어는 예수님의 제자들까지도 예수님을 버렸던 '가장 비참한 때'였다. 모든 사람들이 끝이라고 말하는 절망의 시간에 강도가 영원한 생명을 예수님께 간구하였다.

그렇다면 오늘 우리는 절망의 때에 이렇게 믿을 수 있는가?

로마의 감옥에서 죽음을 눈앞에 둔 바울이 디모데에게 보낸 글에서 기도의 모범을 찾을 수 있다.

> "주께서 나를 모든 악한 일에서 건져내시고 또 그의 천국에 들어가도록 구원하시리니 그에게 영광이 세세무궁토록 있을지어다 아멘" (딤후 4:18).

바울은 이 고백에서 죽음이 주님과 자신 사이를 갈라놓을 수 없음을 확신하고 있다. 바울은 로마서를 기록할 때 이미 이러한 관계가 그리스도와 자신만의 독특한 관계가 아니라 모든 성도들에게도 보편적으로 적용되는 관계임을 분명히 하고 있다.

> "누가 우리를 그리스도의 사랑에서 끊으리요 환난이나 곤고나 박해나 기근이나 적신이나 위험이나 칼이랴" (롬 8:35).

그러므로 우리 성도들은 모든 기도를 드릴 때 하나님의 나라와 그분의 사랑의 바탕 위에서 해야 한다. 주님이 성도들에게 승리를 주시므로 성도들에게 영원한 패배가 없다는 확신 위에서 기도해야 한다. 물론 승리를 향해 가는 과정 속에서 순간적인 패배는 있을 수 있다. 그러나 그것은 과정일 뿐이다. 성도들에게는 최후 승리가 보장되어 있다.

예수님과 사도 바울, 베드로를 비롯한 사도들은 인간적인 눈으로 볼 때 아주 비참한 최후를 마쳤다. 그러나 그들은 한결같이 '최종적인 승리자'였다.

자신들이 최종적으로 승리할 것을 알았기에 그들은 아무런 두려움이나 거리낌없이 비참한 최후에 직면하였다. 시시각각으로 덮쳐오는 환난 속에 있다 해도 성도들이 이러한 확신에 바로 서 있어야 하나님께 담대히 기도드릴 수 있다. 그리고 이처럼 기도하는 사람에게 하나님께서 마지막 승리를 허락하신다.

기도는 승리의 길이며 방법이다. 승리를 확신하며 기도하는 사람은 기도 중에 하나님을 찬양한다. 기도는 찬미와 연결된다. 기도하는 사람이 진정한 찬양을 드릴 수 있다.

> "나라와 권세와 영광이 아버지께 영원히 있사옵니다."

이 기도의 가르침은 기도는 예수님께서 가르치신 기도의 모든 내용들이 '영원한 천국에서 완성될 것을 확신하라'는 가르침이다. 요한계시록 21장에서 사도 요한은 하나님 나라에서 누리는 영원한 삶을 구체적으로 소개한다.

> "모든 눈물을 그 눈에서 닦아 주시니 다시는 사망이 없고 애통하는 것이나 곡하는 것이나 아픈 것이 다시 있지 아니하리니 처음 것들이 다 지나갔음이러라"(계 21:4).

이 말씀은 '이 땅에서는 이러한 모든 것이 있다'는 뜻이다. 다시 말해 하나님을 신실하게 섬기는 성도들에게도 눈물과 사망과 애통과 통곡 그리고 병고가 있을 수 있다.

하나님의 자녀라고 해서 이러한 것들이 그냥 지나가지는 않는다. 다만 성도들은 여기에 굴복해서는 안 된다. 성도들에게 눈물이 찾아오고, 슬픔이 찾아온다고 해서, 하나님을 부인하거나 사명의 자리에서 이탈해서는 안된다. 오히려 이 땅에서는 계속적으로 눈물이 찾아오고 통곡하는 일이 생기기 때문에, 이 슬픔을 딛고서 이 모든 것들이 사라지는 새 나라를 꿈꾸어야 한다.

슬픔과 곡하는 일이 다시 없는 하나님의 나라를 확신하고 바라보는 것이 믿음이다. 성도들은 이 세상의 모든 슬픔과 고통을 이겨내고 영원한 하나님 나라의 축복을 얻을 것이다.

하나님께서 창조하신 본래의 세계는 슬픔과 고통이 없고, 살기에 아무런 부족함이 없는 세계였다. 이러한 세계를 지으신 하나님께서는 또한 완전한 세계를 능히 회복하실 수 있다.

그러므로 기도하는 사람들은 하나님이 세우시는 완전한 세계를 바라보며 기도에 확신을 가져야 한다. 하나님이 다스리시는 완전한 세계가 속히 오기를 간구해야 한다.

그렇다면 주기도문의 송영이 우리에게 주는 교훈은 무엇인가? 송영이 우리에게 주는 교훈은 우리로 하여금 하나님의 완전함에 대한 확신을 가지고 기도하라는 것이다. 하나님의 우주적 왕권과 권능과 영광에 대한 신뢰가 우리 기도의 이유이다.

하나님의 영광과 권능을 증명하는 것이 우리 기도의 목적이다. 그리고 그분의 권능이 증명되기 위해 기도 중에 탄원과 간구를 할 수 있다.

송영이 우리에게 주는 교훈은 우리로 하여금 기원과 찬양을 결합시키라는 것이다. 기도 중에 하나님을 찬양할 수 있다. 기도의 시작과 끝이 찬양이어야 한다. 기도의 목적 중 하나가 하나님 찬양이다. 송영이 우리에게 주는 교훈은 우리로 하여금 최고의 경배심을 가지고 기도하라는 것이다. 하나님은 위대하고 전능하신 분이시므로 마땅히 경배를 받으셔야 한다. 따라서 주님 앞에서 모든 피조물은 완전히 굴복하여야 한다.

송영이 우리에게 주는 교훈은 우리로 하여금 하나님에게 완전히 복종해야 한다는 것이다. 우리에 대한 주님의 지배를 말로만 인정하며 생활에서 자기 마음대로 행동하는 것은 외식하는 믿음이며, 하나님을 우롱하는 것이 된다.

송영이 우리에게 주는 교훈은 우리로 하여금 이렇게 기도함으로써 하나님의 영광을 우리의 최우선의 관심사로 삼고, 우리의 삶 자체가 하나님께 영광을 돌리는 삶을 살도록 노력하여 삶으로 하나님을 드러내라는 가르침이다.

'주기도문'에서 우리 예수님은 우리에게 기도의 진수를 제시하신다. 주기도문에 있어서 알파와 오메가는 하나님이시다. 즉 예수님께서 가르쳐 주시는 주는 하늘에 계신 우리 아버지로부터 시작하여 하나님을 영광스러운 우주의 왕으로 찬양함으로써 끝맺고 있다.

성경은 기도하라고 강조한다.

> "아무 것도 염려하지 말고 다만 모든 일에 기도와 간구로, 너희 구할 것을 감사함으로 하나님께 아뢰라"(빌 4:6).

> "기도를 계속 하고 기도에 감사함으로 깨어 있으라"(골 4:2).

> "하나님이여 민족들이 주를 찬송하게 하시며 모든 민족으로 주를 찬송하게 하소서 땅이 그의 소산을 내어 주었으니 하나님 곧 우리 하나님이 우리에게 복을 주시리로다"(시 67:5-6).

예배드리는 사람, 하나님께 나아가는 사람은 "반드시 그가 계신 것과 또한 그가 자기를 찾는 자들에게 상 주시는 이심을 믿어야" 한다(히 11:6).

기도하는 사람은 하나님을 향한 우리의 확신을 더 깊게 하고 우리 마음의 소망을 하나님께 보여 드리며, 우리에게 주어진 주님의 은혜를 사랑으로 드러내어야 한다. 이는 예수님이 가르치신 기도를 더 분명히 알고 믿을 때 가능하다.

주기도문은 단순히 아는 데 그쳐서는 안 된다. 더 확실히 알고 더 잘 믿어야 하며, 생활에 적용하는 기도 원칙이어야 한다. 주기도문은 우리 삶 전체에 적용된다. 주기도문은 생활화되어야 한다. 주기도문은 죄인인 우리가 담대하게 주님 앞에 나아가게 하는 주님의 소원을 담고 있다. 우리 영혼의 소원을 쏟아 놓도록 허락하신 하나님의 은혜를 담고 있다.

기도는 인격적인 하나님을 만나는 것이다. 하나님은 우리를 가까이 오라고 부르신다. 하나님은 인격적이신 분, 거룩한 분이시며, 우리에게 반드시 필요한 것을 염두에 두고 계시다. 하나님은 우리의 아버지이시다.

> "보라 아버지께서 어떠한 사랑을 우리에게 베푸사 하나님의 자녀라 일컬음을 받게 하셨는가"(요일 3:1).

하나님은 인간의 창조주이시기 때문에 모든 인간에 대해 당연한 권리를 가지신 아버지이시다.

> "우리는 한 아버지를 가지지 아니하였느냐 한 하나님께서 지으신 바가 아니냐"(말 2:10).

> "그러나 여호와여, 주는 우리 아버지시니이다 우리는 진흙이요 주는 토기장이시니 우리는 다 주의 손으로 지으신 것이니이다"(사 64:8).

타락한 아들이 죄악을 청산하고 돌아오기만 하면 하나님은 아버지로서 기꺼이 맞아 주실 것이다. 하나님께서 까마귀의 울음소리도 들으시는데 어찌 자녀들의 요청을 외면하시겠는가?

> "감사함으로 여호와께 노래하며 수금으로 하나님께 찬양할지

어다 그가 구름으로 하늘을 덮으시며 땅을 위하여 비를 준비하시며 산에 풀이 자라게 하시며 들짐승과 우는 까마귀 새끼에게 먹을 것을 주시는도다"(시 147:7-9).

나라와 권세와 영광

먼저 '나라'는 주권을 의미하는 것으로 원어로는 '바실레이아'이며, 영어로는 '킹덤'(Kingdom)이다. 이미 나라이 임하옵시며 라고 기도한 것처럼 그 나라의 주권이 하나님께 있음을 선언하는 것이다. 주권이 하나님의 것이며, 앞으로도 영원히 하나님께서 영광 받으시기를 원하는 기도이다.

또한 '권세'는 원어로 '두나미스'라고 하며, 영어로는 '파워'(power)이다. 하나님이 자신의 주권을 행사하고 하늘과 땅에서 자신의 뜻을 수행하는 데에 전능하심을 가리킨다.

주님은 전능한 분이시기 때문에 기뻐하시는 대로 하실 수 있으시다. 주님은 결코 졸지도 주무시지도 않으신다.

하나님께 어려운 일은 전혀 없다.

"여호와께서 너로 실족하지 아니하게 하시며 너를 지키시는 이가 졸지 아니하시리로다 이스라엘을 지키시는 이는 졸지도 아니하고 주무시지도 아니하시리로다 여호와는 너를 지키시는 이시라 여호와께서 네 오른쪽에서 네 그늘이 되시나니 낮의 해가 너를 상하게 하지 아니하며 밤의 달도 너를 해치지 아니하리로다"(시 121:3-6).

"예수께서 그들을 보시며 이르시되 사람으로는 할 수 없으나

하나님으로서는 다 하실 수 있느니라" (마 19:26).

물론 우리도 어떤 권세를 가질 수 있다. 그러나 우리가 가진 권세라 할지라도 하나님께서 주신 것을 우리가 받은 것뿐이다.

하나님만이 모든 것이 가능하다는 신앙 고백이 여기에 포함되어 있다. 만약 우리가 '하나님께서 이런 일을 하실 수 있을는지 없을는지는 모르지만 한번 구해 봅니다'라는 자세로 기도한다면 이는 하나님의 전능하심을 의심하는 것이며, 하나님을 욕되게 하는 것이라 할 수 있다.

마가복음 9장 14절 이하에 보면 악령에게 사로잡힌 아이의 아버지가 예수님께 "선생님께서 하실 수 있다면 자비를 베푸셔서 도와 주십시오"라고 간청하고 있다.

이에 예수님은 책망하시며 "할 수만 있다면이 무슨 말이냐? 믿는 자에게는 능치 못할 일이 없느니라"고 말씀하셨다. 예수님은 믿음 안에서 모든 일이 가능함을 말씀하신 것이다.

우리는 하나님 앞에 나올 때마다 "모든 권세가 당신에게 있습니다. 당신은 모든 것이 가능합니다"라는 분명한 신앙 고백이 있어야 한다. 그분만이 모든 것을 가능케 한다는 것을 믿고 구해야 하는 것이다. 이렇게 믿는 사람은 하나님을 찬양할 수 있다. 찬양으로 하나님을 향한 믿음을 증명하는 것이다.

한편 '영광'이라는 단어는 히브리어로 '뿌리'라는 말로서 무겁다는 뜻이다. 즉 '하나님께 영광 돌린다'는 말은 하나님께 무거운 비중을 드린다는 뜻이 된다. '영광'이란 말을 '칭찬'이라는 말로 바꿀 수 있다. 그러면 그 뜻을 보다 더 쉽게 이해할 수 있다.

'내가 어떻게 살든지 어떻게 구하든지 간에 나의 모든 것을 통해서 하나님께 칭찬이 돌아가기를 원하옵나이다.'

영광이라는 단어를 칭찬으로 바꾸고 나면 좀더 친근한 느낌이 들고 이해하기 쉽다.

기도의 목적은 모든 영광은 하나님께만 있으므로 하나님께 영광 돌리는 것이다. 우리가 기도하는 내용은 내가 편하고, 불편하고가 아니라 결국은 하나님의 영광을 위해서이다.

여기에 참 신앙의 고백이 들어 있다. 아무리 훌륭한 내용으로 기도를 했더라도 목적이 나를 위한 것이고, 내 욕심을 채우기 위한 것이라면 그러한 기도는 이방인들이나 미신을 믿는 사람들의 기도 수준으로 전락된다. 그러므로 기도와 모든 소원은 궁극적으로 하나님의 영광을 위하여 구하는 것이어야 한다.

아버지께 영원히

'아버지'라는 단어는 우리로 하여금 하나님을 향한 큰 확신을 불러일으킨다. 즉 하나님께서 기꺼이 응답하신다는 것과 응답하실 절대적 능력이 있다는 것이다.

하나님이 그 아들 그리스도를 통해 우리에게 자신을 우리 아버지로 부르라고 명령하신다는 것은 우리를 사랑한다는 표시요, 우리를 보살피신다는 증거이다. 동시에 하나님은 또한 만왕의 왕이시며 무한한 권능을 소유하고 있는 분이시다. 이 진리는 우리를 향한 주님의 은혜를 확증해 주며 그 능력을 보장해 준다.

하나님이 아버지로서는 그 자녀들에게 필요한 것을 나누어 주며, 하나님이 왕으로서는 그 백성들을 지켜 주신다. 이에 성경은 다음과 같이 증거한다.

> "아비가 자식을 긍휼히 여김같이 여호와께서는 자기를 경외하는 자를 긍휼히 여기시나니"(시 103:13).

> "하나님이여 주는 나의 왕이시니 야곱에게 구원을 베푸소서"(시 44:4).

'영원히'라는 말은 '항상 존재한다'는 뜻으로 하나님의 본질인 영원성을 가리킨다. 즉, '영원'이란 과거·현재·미래를 아우르는 단어이다. 권세도 영원히, 나라도 영원히, 영광도 영원히 하나님께 돌아갈 것이다.

세상이 어떻게 변하든지 혹은 전쟁과 죽음과 갖가지 부조리가 있어도 하나님의 나라와 권세와 영광만은 영원히 '하나님의 것'이라는 것이 우리의 고백이다. 우리는 죽음 앞에서도 '나라와 권세와 영광이 영원히 하나님의 것'이라는 기도를 해야 한다.

이 얼마나 놀라운 고백이며 위대하고 장엄한 기도인가? 어떤 상황에서도 하나님의 영광은 나타날 것이다. 어떤 상황에서도 하나님의 나라는 임할 것이다. 어떤 상황에서도 하나님의 뜻은 이루어진다. 그러므로 이렇게 기도를 드리는 사람은 하나님을 완전히 신뢰하는 신실하고 경건한 그리스도인이다.

이 땅의 나라는 쇠하고 사라진다. 또한 피조물의 힘은 하잘것없으며 순간적일 뿐이다. 이처럼 인간과 모든 세속적인 것의 영광은 꿈과 같이 사라지나 여호와의 나라와 권세와 영광은 감소되지도 않으며 끝이 없다.

그러므로 성도들은 하나님의 나라와 권세와 영광이 영원무궁토록 그 놀라운 실제 모습이 그대로 알려지도록 해야 한다. 우리가 이같이 올바르게 기도할 때, 영원을 바라보는 믿음의 사람으로 인정되는 것이다.

영원한 나라

그렇다면 하나님의 나라가 영원할 것임을 어떤 근거로 고백할 수 있을까? 성경적인 근거를 알고 믿어야 한다. 예수님은 십자가 수난을 앞두시고 제자들과 최후의 만찬을 가지셨다. 그때까지도 제자들은 예수님의 사역 목적을 이해하지 못하고 있었다. 저마다 높아지고자 하는 생각을 가지고 있었다. 만약 예수님이 떠나신다면 어떻게 살아야 하는지에 대해서도 걱정하고 있었다.

근심에 사로잡힌 제자들에게 예수님께서 말씀하셨다.

> "너희는 마음에 근심하지 말라 하나님을 믿으니 또 나를 믿으라 내 아버지 집에 거할 곳이 많도다 그렇지 않으면 너희에게 일렀으리라 내가 너희를 위하여 거처를 예비하러 가노니 가서 너희를 위하여 거처를 예비하면 내가 다시 와서 너희를 내게로 영접하여 나 있는 곳에 너희도 있게 하리라" (요 14:1-3).

'거처를 예비하러 가신다'는 말씀은 그가 죽음과 부활을 통하여 하늘의 문을 여시고 그 택하신 사람들을 위해 예비하신 천국이 있다는 것을 제자들에게 알려주신 것이다. 히브리서 기자는 이렇게 증언한다.

"그들이 이제는 더 나은 본향을 사모하니 곧 하늘에 있는 것이라 이러므로 하나님이 그들의 하나님이라 일컬음 받으심을 부끄러워 아니하시고 그들을 위하여 한 성을 예비하셨느니라"(히 11:16).

예수님은 예루살렘 성전을 '내 아버지의 집'이라고 하신 적이 있다. 또 사도 바울은 교회를 '하나님의 집'이라고 불렀다.

"만일 내가 지체하면 너로 하여금 하나님의 집에서 어떻게 행하여야 할지를 알게 하려 함이니 이 집은 살아 계신 하나님의 교회요 진리의 기둥과 터니라"(딤전 3:15).

성경은 천국에 대하여 다음과 같이 증거한다.

"또 내가 새 하늘과 새 땅을 보니 처음 하늘과 처음 땅이 없어졌고 바다도 다시 있지 않더라 또 내가 보매 거룩한 성 새 예루살렘이 하나님께로부터 하늘에서 내려오니 그 준비한 것이 신부가 남편을 위하여 단장한 것 같더라"(계 21:1-2).

"그 성곽은 벽옥으로 쌓였고 그 성은 정금인데 맑은 유리 같더라 그 성의 성곽의 기초석은 각색 보석으로 꾸몄는데 첫째 기초석은 벽옥이요 둘째는 남보석이요 셋째는 옥수요 넷째는 녹보석이요 다섯째는 홍마노요 여섯째는 홍보석이요 일곱째는 황옥이요 여덟째는 녹옥이요 아홉째는 담황옥이요 열째는 비취옥이요 열한째는 청옥이요 열두째는 자수정이라 그 열두

> 문은 열두 진주니 각 문마다 한 개의 진주로 되어 있고 성의 길은 맑은 유리 같은 정금이더라"(계 21:18-21).

> "또 그가 수정 같이 맑은 생명수의 강을 내게 보이니 하나님과 및 어린 양의 보좌로부터 나와서 길 가운데로 흐르더라 강 좌우에 생명 나무가 있어 열두 가지 열매를 맺되 달마다 그 열매를 맺고 그 나무 잎사귀들은 만국을 치료하기 위하여 있더라"(계 22:1-2).

이처럼 우리가 하나님의 나라가 영원하리라고 확신할 수 있는 것은 그 나라가 이 세상에 속한 나라가 아니라 예수 그리스도의 나라이기 때문이다.

예수님께서는 빌라도 앞에서 "내 나라는 이 세상에 속한 것이 아니니라"(요 18:36)고 증거하셨다. 이 세상에 속한 어떤 나라이든지 영원하지 못하다. 역사 속에 페이지를 화려하게 장식한 나라들도 언젠가는 사라졌다. 앗시리아, 바벨론, 페르시아, 로마 등 수많은 나라들이 태동했다가 사라졌다.

하나님이 택하시고 다스리신 이스라엘마저도 인간의 힘과 지혜를 의지할 때는 바벨론에 의해 망하였었다.

동유럽에서는 '영원한 나라'처럼 여겨지던 공산주의 국가들이 지상에서 사라졌다. 개혁과 개방 그리고 시장 경제를 수용한 후 공산주의가 무너지기 시작했다. 이로써 역사는 공산주의가 허상이었던 것을 증명하였다. 그러나 하나님의 나라는 지존자 하나님께서 다스리시는 나라이다. 그러기에 그 어떤 것도 하나님의 나라를 변하게 하거나 그 어떤 일도 그 나라를 흔들 수 없다.

하나님의 나라는 의와 진리와 생명의 나라이므로 영원하다. 우리는 하나님의 나라가 '영원 무궁'(눅 1:33)하리라는 것을 믿는다. 이 세상의 모든 나라들은 쇠하게 마련이지만 우리가 참예한 하나님의 나라는 '썩지 않고 더럽지 않고 쇠하지 아니하는 나라'이다.

> "썩지 않고 더럽지 않고 쇠하지 아니하는 유업을 잇게 하시나
> 니 곧 너희를 위하여 하늘에 간직하신 것이라" (벧전 1:4).

세상의 나라들은 시간이 지나고 환경이 바뀌면 그 권세가 흔들리고 그 도덕성이 변질되고 국운이 쇠락되지만, 그리스도로 말미암아 도래한 하나님의 나라는 영원할 것이다.

이에 성경은 다음과 같이 증거한다.

> "그러므로 우리가 흔들리지 않는 나라를 받았은즉 은혜를 받
> 자" (히 12:28).

우리는 하나님의 나라를 약속으로 받았다. 성도들은 흑암과 사망과 권세에서 그리스도로 말미암아 해방되어 하나님의 영원하신 권세 안에 거하게 되었다(골 1:13). 그리고 지금도 사탄의 불의의 권세와 투쟁하는 삶을 살고 있다. 우리는 이 투쟁에서 예수 그리스도의 권세를 힘입어 반드시 승리할 것임을 믿는다. 우리는 하나님의 권세가 영원할 것임을 고백한다.

아멘

기도의 마지막에 "아멘"이 나온다. 주기도문에 있어서 마지막으로 나오는 이 단어는 기도에 꼭 있어야 한다.

아멘은 열렬한 소원과 믿음의 실행을 암시한다. '아멘'은 히브리 음으로 그 뜻은 '충실한', '진실한', '그대로 이루어지이다', '믿습니다'라는 뜻이다. 아멘은 간구와 기대의 이중적인 의미를 가지고 있다. 아멘은 영광과 찬양을 돌릴 때 주로 사용된다. 중복해서 사용하는 경우도 있다.

> "그 영화로운 이름을 영원히 찬송할지어다 온 땅에 그의 영광이 충만할지어다 아멘 아멘"(시 72:19).

'아멘'은 전능하신 하나님께서 그렇게 하라고 정하셨기 때문에 이를 믿는 온 교회가 '그렇게 될지어다'라고 소원을 표현하는 것이다. 따라서 기도가 끝난 다음 화답하는 '아멘'을 직역하면, '지금까지 기도한 그대로가 진실입니다' 하는 뜻이다. 이는 '말한 대로 이루어지기를 바랍니다'라는 뜻이 된다.

한편 '아멘'은 주기도문의 각 부분과 어구마다 적용할 수 있다. 즉, "이름이 거룩히 여김을 받으시오며, 아멘." "다만 악에서 구하옵소서. 아멘." 등으로 표현할 수 있다. 그러므로 아멘은 기도 내용 전체를 뒷받침하는 신앙적 표현이다.

성도는 아멘의 사람이어야 한다.

> "하나님의 약속은 얼마든지 그리스도 안에서 예가 되니 그런즉 그로 말미암아 우리가 아멘 하여 하나님께 영광을 돌리게 되

느니라" (고후 1:20).

우리가 공중 기도와 개인 기도에서 '아멘'을 말함으로 우리의 열망을 표현하고 하나님의 권능과 신실하심에 대한 우리의 확신을 확인할 수 있다. 그러므로 아멘 자체가 압축되고 강조된 기도이다. 즉 '아멘'을 함으로 하나님의 약속의 진실함을 믿고 그 통치의 회고함에 의존하여 은혜로운 응답에 대한 우리의 확신 있는 기대를 마음에 새기며 고백하는 것이다. 하나님께 전적으로 신뢰와 헌신과 위탁을 의미하는 것이다.

이런 점에서 아멘은 하나님께 송축하는 것이며 우리를 향한 하나님의 은혜의 메아리를 반영하는 것이다. 아멘을 함으로 경건한 찬양을 드리고, 영적 감정을 표현함으로 하나님과 교제하게 하는 영적 언어이다.

주기도문은 아무 생각 없이 형식적으로 암송하면 안된다. 그런 형식주의에 빠진 유대교의 기도를 시정하기 위해 예수님께서 가르쳐 주신 기도가 주기도문이다. 이 주기도문을 산상보훈 중에서 말씀하셨다는 것을 생각할 때 형식주의에 빠진 유대교를 향한 기도를 변화시키기 위한 예수님의 노력이 보인다.

예수님께서는 "너희는 이렇게 기도하라"고 말씀하심으로 기도의 모델을 가르쳐 주셨다. '이렇게'는 주기도문에 나타난 기도 내용, 순서, 서약, 조목, 신앙 고백과 송영을 따라 기도하라는 뜻을 가졌다. 우리는 "너희는 이렇게 기도하라"고 하신 예수의 본의를 받아서 거기에 부합된 기도를 드려야 한다.

주님의 완전함이 우리 마음 안에 있으면 있을수록, 우리의 예배는 더욱 영적 감동이 넘칠 것이며, 우리의 간구는 더욱 경건하고 열정적이게 될 것이다. 영혼이 하나님을 묵상하면 할수록 찬양은 더욱 더 자발적이며 진심에서 우러나오게 될 것이다.

우리의 기도 역시 영원성에 기초해야 한다. 우리는 영원히 살 것을 믿고 간구해야 하며 영생의 확신 위에서 기도해야 한다. 최종적인 승리는 성도들의 것이며, 성도에게 영원한 나라에서의 평안과 안식과 기쁨이 보장된 삶이 약속되었음을 확신하며 기도해야 한다. 영원성에 기초한 기도를 드릴 때 우리는 극히 세속적이고 일시적인 욕망에 기인하는 기도를 자제할 줄 알게 된다. 그리고 하나님의 뜻대로 구하는 기도가 응답될 것이라는 확신을 가질 수 있게 된다.

'하나님의 나라'가 영원함을 고백하는 것은 성도 자신이 영원한 생명을 누릴 것을 확신하는 고백으로 연결된다. 주기도문 서두에서 "나라이 임하옵시며"라고 기도할 것을 가르치신 주님께서 그 하나님 나라가 영원함을 고백할 것도 가르치셨다.

백성은 당연히 자기가 속하고 섬기는 나라가 영원하기를 바란다. 백성은 왕의 자비와 권세를 받아 영원한 평화를 누리기 바란다. 하나님 나라의 백성들은 하나님의 나라가 영원함을 믿는다.

하나님은 당신의 나라를 하나님의 백성들에게 유업으로 주시겠다고 언약하셨다. 그 언약은 나에게도 적용된다. 우리는 하나님의 나라가 우리에게 영원하다는 것을 믿어야 한다.

자! 이제 주기도문을 생활화하자.

하나님의 놀라운 역사가 우리 삶 속에, 개인과 가정과 사업체, 교회와 사회, 민족과 세계 그리고 역사에 나타날 것이다.

주기도문 번역본

PART FOUR

주기도문 번역본
개역한글 주기도문

하늘에 계신 우리 아버지여

이름이 거룩히 여김을 받으시오며

나라이 임하옵시며

뜻이 하늘에서 이룬 것 같이

땅에서도 이루어지이다

오늘날 우리에게 일용할 양식을 주옵시고

우리가 우리에게 죄 지은 자를 사하여 준 것 같이

우리 죄를 사하여 주옵시고

우리를 시험에 들게 하지 마옵시고

다만 악에서 구하옵소서

대개 나라와 권세와 영광이

아버지께 영원히 있사옵나이다 아멘

주기도문 번역본
개역성경 주기도문

하늘에 계신 우리 아버지여
이름이 거룩히 여김을 받으시오며
나라이 임하옵시며
뜻이 하늘에서 이룬 것 같이 땅에서도 이루어지이다
오늘날 우리에게 일용할 양식을 주옵시고
우리가 우리에게 죄 지은 자를 사하여 준 것 같이
우리 죄를 사하여 주옵시고
우리를 시험에 들게 하지 마옵시고
다만 악에서 구하옵소서
나라와 권세와 영광이
아버지께 영원히 있사옵나이다 아멘

주기도문 번역본
개역 개정판 주기도문

하늘에 계신 우리 아버지여
이름이 거룩히 여김을 받으시오며
나라가 임하시오며
뜻이 하늘에서 이룬 것 같이
땅에서도 이루어지이다
오늘 우리에게 일용할 양식을 주시옵고
우리가 우리에게 죄 지은 자를 사하여 준 것 같이
우리 죄를 사하여 주시옵고
우리를 시험에 들게 하지 마시옵고
다만 악에서 구하시옵소서
(나라와 권세와 영광이
아버지께 영원히 있사옵나이다 아멘)

주기도문 번역본
공동번역 주기도문

하늘에 계신 우리 아버지,
온 세상이 아버지를 하느님으로 받들게 하시며
아버지의 나라가 오게 하시며 아버지의 뜻이
하늘에서와 같이 땅에서도 이루어지게 하소서.
오늘 우리에게 필요한 양식을 주시고
우리가 우리에게 잘못한 이를 용서하듯이
우리의 잘못을 용서하시고
우리를 유혹에 빠지지 않게 하시고 악에서 구하소서.
(나라와 권세와 영광이 영원토록 아버지의 것입니다. 아멘.)

주기도문 번역본
표준 새 번역 주기도문

하늘에 계신 우리 아버지,
이름을 거룩하게 하시오며, 나라가 임하게 하시오며,
뜻이 하늘에서 이루어진 것 같이,
땅에서도 이루어지게 하시옵소서.
오늘 우리에게 필요한 양식을 주시옵고,
우리가 우리에게 죄지은 사람을 용서하여 준 것 같이
우리 죄를 용서하여 주시옵고,
우리를 시험에 들게 하지 마시고, 악에서 구하시옵소서.
(나라와 권세와 영광이 영원히 아버지의 것이옵나이다. 아멘.)

주기도문 번역본
현대어 성경 주기도문

하늘에 계신 우리 아버지,
아버지의 이름이 거룩히 높임을 받으시며
아버지의 나라가 임하소서.
아버지의 뜻이 하늘에서 이루어진 것 같이
땅에서도 이루어지게 하소서.
우리에게 날마다 필요한 양식을 주시고
우리가 우리에게 죄지은 자를 용서하였습니다.
우리의 죄를 용서하소서.
우리를 유혹에 빠지지 않게 하시고 악에서 구하소서.
나라와 권세와 영광이 영원토록 아버지의 것입니다. 아멘.

주기도문 번역본
현대인의 성경 주기도문

하늘에 계신 우리 아버지,
아버지의 나라가 속히 오게 하소서.
아버지의 뜻이 하늘에서 이루어진 것 같이
땅에서도 이루어지게 하소서.
우리에게 날마다 필요한 양식을 주시고
우리가 우리에게 죄 지은 사람들을 용서해 준 것처럼
우리 죄를 용서해 주소서
우리가 시험에 들게 하지 않게 하시고
우리를 악에서 구해 주소서
(나라와 권세와 영광이 영원토록 아버지의 것입니다. 아멘)

주기도문 번역본

새롭게 번역한 주기도문
(예장 통합, 한국기독교총연합회, 한국기독교회협회)

하늘에 계신 우리 아버지,
아버지의 이름이 거룩하게 하시며
아버지의 나라가 오게 하시며,
아버지의 뜻이 하늘에서와 같이
땅에서도 이루어지게 하소서
오늘 우리에게 일용할 양식을 주시고,
우리가 우리에게 잘못한 사람을 용서하여 준 것 같이
우리 죄를 용서하여 주시고,
우리를 시험에 빠지지 않게 하시고
악에서 구하소서.
나라와 권능과 영광이
영원히 아버지의 것입니다. 아멘.

주기도문 번역본
여성번역팀이 번역한 주기도문

하늘에 계신 우리 하나님,
이름이 거룩히 여김을 받게 하소서.
당신의 나라가 오게 하시고,
당신의 뜻이 하늘에서처럼
땅에서도 이루어지게 하소서.
오늘 필요한 양식을 우리에게 주시고,
우리가 우리에게 빚진 이들을 용서한 것처럼
우리를 용서하소서.
우리를 유혹에 빠지지 않게 하시고,
악에서 구하소서.
나라와 능력과 영광이
영원히 하나님의 것입니다. 아멘.

일만번 주기도 하라!

초판 1쇄 발행 2005년 11월 1일
초판 3쇄 발행 2006년 1월 10일
개정판1쇄 인쇄 2012년 5월 21일
개정판1쇄 발행 2012년 7월 16일

지은이 김향안
펴낸이 김 일
디자인 박경순
펴낸곳 도서출판 글로리아
등 록 2007년 3월 9일 제3-235호
주 소 (156-830) 서울시 동작구 상도1동 685
전 화 02-824-3004, 5004
팩 스 02-824-4231
이메일 kcdc@chol.com
홈페이지 www.kcdc.net

ⓒ 도서출판 글로리아, 2003
ISBN 978-89-7666-112-8(03230)

*이 출판물은 저작권법에 의해 보호받는 저작물이므로 무단 복제할 수 없습니다.
*잘못된 책은 바꾸어 드립니다.
*책 값은 뒷표지에 있습니다.